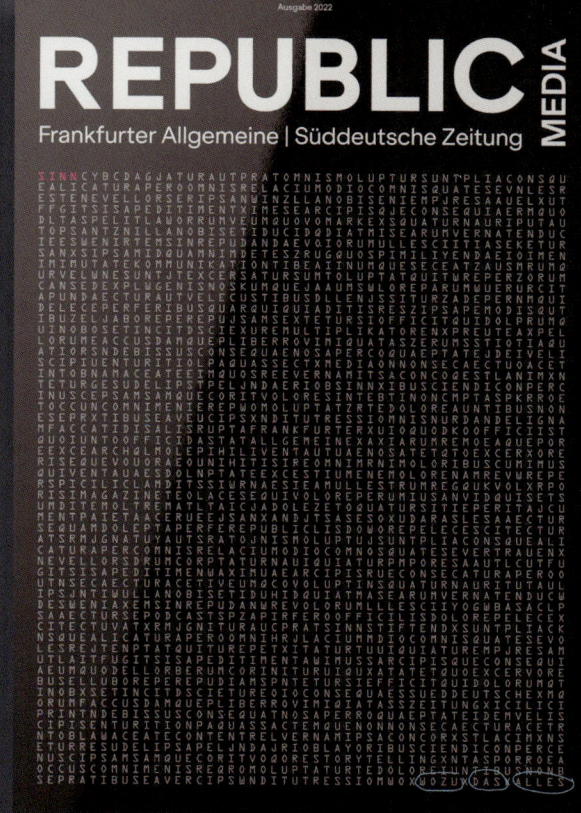

### 6. Individuelle Lösung

Das Ergebnis? Eine Content-Marketing-Lösung, die das Briefing auf den Punkt bringt und einen anspruchsvollen Leserkreis mit Qualitätsanspruch überzeugt. Sprich keine Umsetzung von der Stange, sondern eine individuelle Lösung mit nachhaltiger Wirkung.

# Sinn. Wozu das alles?

In Politik und Wirtschaft, in Kultur und Gesellschaft, in Medien und Unternehmen – überall stellt sich die Frage nach dem Wozu. In der zweiten Ausgabe des Magazins REPUBLIC MEDIA betrachten Journalistinnen und Journalisten von Frankfurter Allgemeine, Süddeutscher Zeitung und VDI nachrichten das Thema aus vielfältigen Perspektiven. Zudem zeigt das Expertenteam der REPUBLIC darin, wie Media mit Sinn entsteht. Einen ersten Eindruck davon gibt die Grafik links. Jetzt downloaden oder bestellen unter ⟶ **www.republic.de/republicmedia**

**EXPERTEN-TEAM ERLEBEN**

# REPUBLIC
Frankfurter Allgemeine | Süddeutsche Zeitung

»Die Phönizier haben das Geld erfunden – aber warum so wenig?«

Marian Zalucki, Lyriker und Satiriker aus der Ukraine, 1920-1979

Inspiration für Meinungsmachende aus
Medien, Wirtschaft und Politik

Verlag
turi2 GmbH
Alwinenstraße 23a, 65189 Wiesbaden
0611/3609 5480, edition@turi2.de
turi2.de/edition

Herausgegeben von
Heike und Peter Turi

Chefredaktion
Anne-Nikolin Hagemann, Markus Trantow

Redaktion
Tim Gieselmann, Nancy Riegel

Autorinnen
Roland Karle, Svenja Kordmann, Henning Kornfeld,
Carolin Sprick, Pauline Stahl

Lektorat
Carolin Sprick

Gestaltung
Ella Beyer, Uwe C. Beyer

Fotochef
Johannes Arlt

Fotos und Videos
Johannes Arlt, Holger Talinski

Online-Content
Eva Casper, Björn Czieslik, Amelie Fromm, Tatjana Kerschbaumer,
Emilia Mattu, Melis Ntente, Daniel Sallhoff, Aline von Drateln

Video- und Audioschnitt
Thomas Röcker, Markus Gläser

Verlagsleitung
Sarah Risch

Verlag
Svenja Kordmann, Leonie Krauß, Annika Kreutz

Mediadaten
turi2.de/media

Abonnements
turi2.de/abo

Druck
Schleunung, Marktheidenfeld, schleunung.com

Lithografie
freihafen studios, freihafen.de

Die News aus Medien, Wirtschaft und Politik
kostenlos ins Postfach: turi2.de/newsletter

Live-Events für die Community: turi2.de/clubraum
Mehr als 900 Promis: turi2.de/koepfe
Der Stellenmarkt der Kommunikation: turi2.de/jobs
Die kommenden editionen: www.turi2.de/showroom-turi2-edition

Ausgabe 18, 2022, 20,- Euro
ISBN 978-3-949673-03-0 · ISSN 2366-2131

Foto: Johannes Arlt

**K**opf oder Zahl? Beim Münzwurf bestimmt Geld das Glück. Trotzdem macht Geld nicht glücklich, es stinkt, es verdirbt den Charakter. Und überhaupt spricht man am besten gar nicht drüber. Oder?

Dieses Buch macht Geld zum Gesprächsthema. Denn wir alle verbinden damit Gefühle und Geschichten. Wir diskutieren über seinen Wert und seine Macht – und wissen trotzdem oft zu wenig darüber. Deshalb geht es auf den folgenden Seiten nicht nur um die wichtigsten Köpfe, Zahlen, Medien und Marken der Finanzbranche. Sondern auch um Werte abseits des Materiellen und den Sinn unserer Arbeit, den man nicht am Gehaltszettel ablesen kann.

Kopf oder Zahl? Eigentlich ist das ganz egal. Denn wenn wir anfangen, miteinander über Geld zu sprechen, haben wir alle schon ein bisschen gewonnen.

*Anne-Nikolin Hagemann,*
*Chefredakteurin*

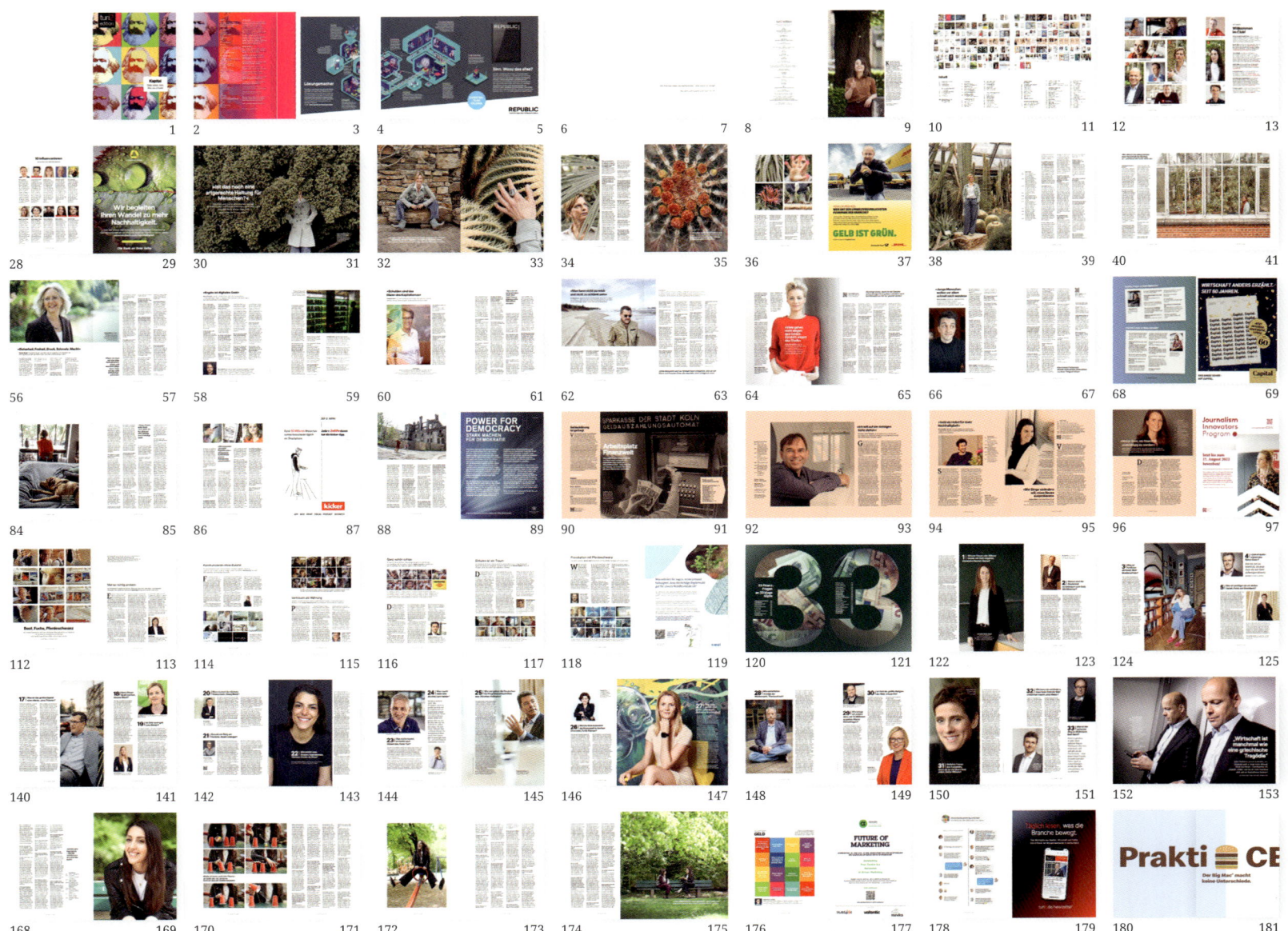

# Inhalt

**Sina Mainitz** Seite 103

**Georg Kofler** Seite 16

**Verena Pausder** Seite 80

**Eckart von Hirschhausen** Seite 130

**Maja Göpel** Seite 30

**Horst von Buttlar** Seite 152

**Kai Diekmann** Seite 62

Fotos: Holger Talinski, Johannes Arlt, Dominik Butzmann, PR, Christina Czybik

Das Video:
**turi2.de/koepfe**

**Susan Moldenhauer** Seite 64

Das Video:
**turi2.de/koepfe**

**Hava Misimi** Seite 166

Das Video:
**turi2.de/koepfe**

**Thomas Kehl** Seite 100

turi2.de/join

# Willkommen im Club!

**Diese klugen Köpfe links** sind nur zehn der 10.000 Meinungsmachenden aus Medien, Wirtschaft und Politik, die zusammen die turi2-Community bilden. Sie finden bei turi2 Inspiration und Information, eine Bühne und einen Kommunikationsraum.

**turi2 Join** Ab sofort ist es noch lohnender, Teil von turi2 zu sein: Wer sich unter **turi2.de/join** einträgt, kann auf turi2.de kostenlos Jobs-Anzeigen aufgeben, Termine veröffentlichen, sich für die Datenbanken **turi2.de/koepfe** und **turi2.de/firmen** anmelden.

**turi2 Köpfe** Wir stellen die wichtigsten Kommunikationsprofis des Landes vor, mit Video, Vita, E-Mail und relevanten News – und vergleichen die Anzahl ihrer Klicks in einem Gender-Index, der die Sichtbarkeit von Frauen in der Kommunikation aufzeigt. Jeden Tag nehmen wir einen klugen Kopf neu auf, bisher sind es über 900 unter **turi2.de/koepfe**

**turi2 Jobs** Der neue, kostenlose Job-Marktplatz der Branche entsteht gerade unter **turi2.de/jobs** Er ist verknüpft mit der Datenbank der Arbeitgeber **turi2.de/firmen**

**turi2 Clubraum** turi2 baut die Bühne für die spannendsten Debatten und Vorbilder, jeden Freitag beim Live-Podast im **turi2.de/clubraum** und jeden Dienstag im Jobs-Podcast unter **turi2.de/podcast**

**turi2 Morgen-Newsletter** In drei Minuten informiert und inspiriert – turi2, Erfinderin der Morgen-Newsletter in Deutschland, schickt 7x pro Woche morgens um 7 das Wichtigste aus Medien, Wirtschaft und Politik kostenlos ins E-Mail-Postfach. Einfach anmelden unter **turi2.de/newsletter**

**E-Paper gratis** Du kannst diese Ausgabe kostenlos als E-Paper lesen und teilen. Alle Inhalte sind im Volltext durchsuchbar; Videos, Podcasts und Anzeigen sind direkt verlinkt unter **turi2.de/edition18**

# High-tech
# #LikeA**Bosch**

## Mit vielen intelligenten, vernetzten und nachhaltigen Lösungen für ein smartes Leben.

Wir bei Bosch verfolgen eine klare Mission: Ihr Leben so einfach und smart wie möglich zu gestalten. Dafür entwickeln wir Lösungen, die Ihnen den Alltag erleichtern, kostbare Zeit sparen und Ihre Umwelt schonen.

**bosch.com**

Technik fürs Leben

# »Ich bin bekennender Kapitalist, und ich bin ein produktiver Millionär«

Georg Kofler ist seinen Weg gegangen
vom armen Bergbub zum Börsen-
Millionär und TV-Star. Den Kapitalismus
empfindet er als Segen

Von Heike Turi (Text) und Johannes Arlt (Fotos)

»Ich hatte immer die Vorstellung, wohlhabend zu werden. Nicht um viel Geld auf dem Konto zu haben, sondern um frei zu sein«

Georg Kofler im Zentrallager der
DS Gruppe in Gallin, 60 Kilometer östlich
von Hamburg. Den Großhändler für
Aktionsware hat Kofler 2021 gekauft

»Ich habe das Glück, dass mich Neid und Missgunst psychotherapeutisch nicht beschweren«

**Georg, du bist Selfmademan, Multi-Gründer und einer der erfolgreichsten Medienmanager Deutschlands. Was ist dein größtes Kapital?**
Viele Menschen haben Talent, viele haben auch Ausdauer, entscheidend sind aber Mut und Risikobereitschaft. Ich glaube, dass ich da bei meinen unternehmerischen Entscheidungen häufig mehr bewiesen habe als andere. Insofern würde ich Mut als mein größtes Kapital bezeichnen.

**Wen siehst du, wenn du in den Spiegel schaust?**
Einen zuversichtlichen Menschen, der das Glück hat, relativ unbeschwert durchs Leben zu gehen.

**Du stammst aus Südtirol. Bist du ausgezogen, um die Welt zu erobern?**
Ich bin ein Südtiroler Bergbub und komme aus einem kleinen Dorf. Ich habe die Erfahrung gemacht, dass es die Idylle, die solchen Bergdörfern gern angedichtet wird, in der Realität nur selten gibt. Das Leben dort ist eher eintönig, der geistige Horizont eng. Ich hatte immer das Bestreben, aus dieser Welt auszubrechen.

**Wer war dein Vorbild?**
Reinhold Messner. Der ist ausgebrochen, der war unkonventionell. Messner hat sich nie in Schubladen stecken lassen. Als er den ersten Achttausender bestiegen hatte, wurde ihm in Südtirol vorgeworfen, dass er nicht die Tiroler Fahne auf dem Gipfel gezeigt hat. Er hat darauf den wunderbaren Satz gesagt: „Mein Taschentuch ist meine Fahne." Unabhängigkeit im Denken hat mich immer fasziniert.

**Du hast früh den Vater verloren, die Mutter hat euch allein ernährt, du bist in einfachen Verhältnissen aufgewachsen. Wie hat dich das geprägt?**
Mein Vater ist im Alter von 35 Jahren verstorben. Das war ein dramatischer Einschnitt ins Leben meiner Mutter. Sie war 28 Jahre jung und hatte drei kleine Kinder. Mitzuerleben, wie hart meine Mutter arbeiten musste, und dass sie sich trotz ihres schweren Schicksals ihre Zuversicht und innere Heiterkeit bewahrt hat, das hat mich geprägt.

**Hat deine Mutter dir ein starkes Selbstbewusstsein mitgegeben?**
Nein, das konnte sie nicht. Du musst dir das Leben und das Frauenbild vor über 60 Jahren in einem Bergdorf vorstellen: Mein Vater war Holzarbeiter und galt in der sozialen Hierarchie nicht viel. Als Frau der Arbeiterklasse war man erst recht diskriminiert. Dazu die unglaubliche Autorität und Deutungshoheit der katholischen Kirche, die das Fühlen und Denken der Menschen prägte. In Kirche und Dorf wurde Frauen nur ein hinterer Platz zugewiesen. Und dann noch die Situation als Alleinerziehende: Meine Mutter hatte keinen Beruf erlernt und war Akkordarbeiterin in einer Nähfabrik in Bruneck – und wurde dort weiter unterdrückt, jetzt vom Chef. Wie willst du da Selbstbewusstsein entwickeln?

**Wie hast du dann Selbstbewusstsein entwickelt?**
Durch erste Erfolge in der Schule und auf dem Fußballplatz. Mit 14 begann

ich als Tellerwäscher mein eigenes Geld zu verdienen, und so ging das mit unterschiedlichen Jobs Jahr für Jahr. Bald hatte ich das Gefühl, dass ich bei Menschen gut ankommen kann. Ich habe mich nicht unterbuttern lassen, sondern im Gegenteil: Ich merkte, ich kann Leute begeistern, inspirieren und mitnehmen – und ich kann sie führen.

**Durch Leistung ans Ziel?**
Nur durch Leistung. Und zwar nicht nur die Leistung, die von der Außenwelt wahrgenommen wird, sondern durch die Leistung, die du selbst in dir spürst und die dich motiviert.

**War es dein Plan, reich zu werden?**
Ich hatte immer die Vorstellung, wohlhabend zu werden. Nicht um viel Geld auf dem Konto zu haben, sondern um frei zu sein. Ich wollte niemandem etwas schuldig sein, niemanden fragen müssen, mich niemandem unterordnen. Geld war für mich immer der Schlüssel für ein freiheitliches, selbstbestimmtes Leben.

**Du hast früh dein eigenes Geld verdient. Wie blickst du auf die heutige Jugend?**
Wir müssen uns für die heutige Jugend weder schämen noch uns um sie sorgen. Sie wird sich entwickeln wie jede Generation vor ihr auch. Es wird Versager geben, es wird tolle Karrieren geben. In großen Teilen finde ich die heutige Jugend unternehmerischer, leistungswilliger und gebildeter, als es meine Generation war. Und durch die sozialen Medien richten sich die ▶

**Georg Jakob Kofler**
Geb. 1957 in Bruneck, Südtirol, Italien
1976 Studium der Publizistik und Kommunikationswissenschaft in Wien
1987 Assistent und Büroleiter von Leo Kirch
1988 Geschäftsführer und Vorstandsvorsitzender ProSieben, Börsengang 1997
2002 Vorstandsvorsitzender Premiere, Börsengang 2005, Ausstieg 2007
2007 Gründung der Beteiligungsgruppe Georg Kofler GmbH
2017 Juror bei „Höhle der Löwen", Vox
2018 Hauptaktionär und Vorstandsvorsitzender The Social Chain AG, Börsengang 2021
2021 Übernahme der DS Holding GmbH von Ralf Dümmel

**Georg Kofler** im Videofragebogen unter turi2.de/koepfe

Jugendlichen früh international aus.

**Du hast 2005 Premiere an die Börse gebracht und 2007 mit dem Verkauf deines Aktienpakets 180 Millionen Euro verdient. Du bist heute 65 – warum lehnst du dich nicht entspannt zurück?**
Nein, um Himmels willen. Natürlich könnte ich mein Geld in Staatsanleihen und Aktien anlegen, mir ein Haus auf Mallorca kaufen und und und. Aber was dann? Was mache ich mit der vielen Zeit? Ein Leben ohne Projekte, ohne neue Gedanken, ohne Veränderung – das bin nicht ich. Ich strebe keinen Ruhestand an, vielmehr bevorzuge ich einen inspirierenden Unruhestand.

**Was treibt dich an?**
Für mich bedeutet Freiheit in erster Linie Gestaltungsmöglichkeit. Und Freiheit braucht Struktur. Wenn ich mir den ganzen Tag nur überlege, auf welchen Golfplatz ich gehe und wohin zum Abendessen, dann ist das eine intellektuelle Unterforderung. Es ist ein falsches Verständnis von Freiheit, nichts zu tun zu haben. Freiheit ist für mich, viel zu tun zu haben, allerdings nach meiner Wahl: mich mit Menschen zu treffen, auseinanderzusetzen, neue Ideen zu entwickeln, ins Risiko zu gehen. Ich brauche die Spannung. Mir ist ein ausgewogener Mix an Unsicherheiten lieber als ein berechenbarer Mix an Sicherheit.

**Fühlst du dich reich?**
Reichtum ist relativ. Ich habe mit 14 mein erstes

Geld verdient und mich ab 15 praktisch selbst ernährt, indem ich die drei Monate Sommerferien durchgearbeitet habe. Mit 16 bin ich nach Deutschland gegangen, habe Wasserleitungen gebaut und war in einer Aluminiumfabrik. Dort habe ich als Ofenwerker teilweise zwei Schichten gefahren, acht Stunden und gleich nochmals acht Stunden und bin mit 8.000 D-Mark raus. Das war für mich viel Geld.

**Was hast du mit dem Geld gemacht?**
2.000 Mark davon habe ich genommen, mir den Rucksack umgeschnallt und bin auf Weltreise gegangen. Später habe ich Skikurse angeboten. Für Studenten-Verhältnisse war ich recht gut unterwegs. Aber das Größte war, als ich mit 27 meinen ersten festen Job bekam: Ich wurde wissenschaftlicher Mitarbeiter im Bereich Politikwissenschaften an der Universität Trier. Plötzlich bekam ich ein Gehalt: 2.200 D-Mark direkt aufs Konto, Monat für Monat. Da habe ich mich echt reich gefühlt. Ich wusste gar nicht, was ich mit so viel Geld anstellen sollte. Ich habe mir dann einen Golf Diesel, der gerade mal zwei Jahre alt war, gekauft – damals der totale Luxus für mich. Vorher hatte ich einen VW Käfer, Baujahr 1966. Man kann sich also auch mit relativ wenig Geld reich fühlen.

**Und wie reich fühlst du dich heute?**
Wenn ich die Statistik anschaue, dann gehöre ich natürlich zu den oberen Promille und im Verhältnis zur Gesamtbevöl-

kerung muss ich sagen: Ja, ich bin reich. Ich bin bekennender Kapitalist, allerdings als Unternehmer im Rahmen einer sozialen Marktwirtschaft. Ich investiere viele Millionen als Risikokapital, eröffne damit Chancen und Arbeitsplätze. Ich bin ein produktiver Millionär für die Gesellschaft.

**Wie gehst du mit Neid und Missgunst um?**
Neidisch zu sein, kann den Neidern das Leben ganz schön versauen – daher habe ich eher Mitleid mit den Neidern. Insgesamt habe ich das Glück, dass mich Neid und Missgunst psychotherapeutisch nicht allzu sehr beschweren.

**Es heißt, Geld verdirbt den Charakter.**
Nein, Geld legt den Charakter offen. Es wirkt wie ein Hebel, der bestehende Fähigkeiten und Charaktereigenschaften verstärkt, gute wie schlechte.

**Was fasziniert dich am Geldverdienen?**
Es ist nicht das pure Geldverdienen, das mich antreibt – es ist das Unternehmertum. Unternehmer zu sein, ist eine zutiefst soziale Tätigkeit: Du musst mit deinen Geschäftsfreunden reden, du musst Mitarbeiter begeistern, du musst kreativ sein. Du bist Teil der Gesellschaft, du beeinflusst die Gesellschaft. Und du wirst zum politischen Menschen.

**Du unterstützt CDU und FDP mit Parteispenden. Was erhoffst du dir da?**
Ich erhoffe mir vor allem durch die FDP, dass die Idee der Marktwirtschaft, die Idee eines effizienten und nicht so fetten Staates

und die Idee von Leistungsbewusstsein, Eigeninitiative und der Freude an unternehmerischer Kreativität politisch möglichst breit vertreten ist. Und weiter: dass gegen einen übergriffigen Staat Position bezogen wird, der Versuchung zur Planwirtschaft begegnet wird und im Zweifel die Marktwirtschaft einen deutlichen Vorrang vor der Staatswirtschaft hat.

**Bei der TV-Sendung „Höhle der Löwen" bist du einer von fünf Investoren. Es gibt nur zwei Investorinnen. Trauen sich die Frauen nicht? Brüllen Männer lauter?**
Es gibt einfach weniger Frauen, die unternehmerische Erfahrung und auch das Vermögen besitzen, hier als Investorinnen aufzutreten. Aber es werden mehr, ich sehe da eine erfreuliche Tendenz. Ich vermute, dass in Zukunft noch mehr Investorinnen in die „Höhle der Löwen" kommen werden.

**Worin unterscheiden sich Männer und Frauen im Umgang mit Geld?**
Ich habe ja einen Passaporto Italiano und in Italien sitzt immer die Mamma an der Kasse – sie ist die Chefin, die alles zusammenhält, auch die Haushaltskasse. Ich glaube, Frauen gehen zuverlässiger, bedächtiger und überlegter mit Geld um.

**Wie investierst du – mit Kopf und Verstand oder nach Bauchgefühl?**
Drei Viertel Bauch, ein Viertel Verstand. Ausschlaggebend für mein Invest ist die Persönlichkeit der Gründerin oder des Gründers. Denn wer sonst soll ein Geschäfts- ▶

»Es ist ein falsches Verständnis von Freiheit, nichts zu tun zu haben. Freiheit ist für mich, viel zu tun zu haben«

»Das bedingungslose Grundeinkommen ist eine Einladung zur kollektiven Faulheit«

# 10 Influencerinnen

die uns durch die Geld-Welt begleiten

### Blick ins Depot
Ben Offenberger ist Beamter und investiert in Aktien. Seine Rendite im letzten Jahr: 15.621 Euro, bis auf zwei Nachkommastellen nachvollziehbar durch seine Instagram-Beiträge und seinen Blog. Knapp 60.000 Followerinnen – bisher überwiegend männlich und 24 bis 35 Jahre alt – lassen sich davon inspirieren.

@beameninvestor

mehr auf Seite 66

### Locker und lehrreich
In Kurzclips auf Instagram und TikTok erklärt Simon Schöbel als seriöser Anzugträger seinem naiven Doppelgänger, was der mit seinem Geld anstellen soll. Auf YouTube vermittelt er Finanzwissen in längeren Formaten. Hilft sowohl Finanzmuffeln als auch denen, die alles über Geld zu wissen glauben.

@investscience

### Endlich starten
Margarethe Honisch hat das Thema Finanzen selbst lange vor sich hergeschoben, bis ihr klar wurde, dass kein Weg daran vorbei führt. Nun will sie mit ihrem Blog und Instagram-Kanal als Fortunalista anderen den Weg verkürzen – insbesondere Frauen. Denn anfangen kann man gar nicht früh genug.

@fortunalista

### Für Selbermacher
Ein Wesir brachte es zum Sultan, weil er den Zinseszins verstand: Diese Legende erzählt Albert Warnecke, wenn man nach dem Namen seines Blogs „Finanzwesir" fragt. Dort und auf YouTube gibt er sein Finanzwissen weiter – ohne formale Ausbildung, dafür mit Erfahrung in Fehltritten.

@finanzwesir

### Klein anfangen
Auf dem Funk-Kanal „Your Money" erklären Rafaela und Kati 16- bis 22-Jährigen den Umgang mit ihrem ersten Geld. Sie nehmen komplizierte Themen mit Humor und zeigen, dass Finanzen Spaß machen können. Unterstützt werden sie von der Wirtschaftsredaktion des Hessischen Rundfunks.

@your.money

### Bücher zum Erfolg
Celine Nadolny, Gründern des Blogs „Book of Finance" ist Influencerin, Buchkritikerin und Vize Miss Germany 2022. Ihrer Community auf Instagram und Linked-in gibt sie neben Finanz- und Buchtipps auch Einblicke in die Arbeit hinter ihrem Erfolg. Die für sie wichtigsten Voraussetzungen: Fleiß und Neugier.

@bookoffinance

### Unabhängige Frauen
Natascha Wegelins Mission ist die finanzielle Unabhängigkeit für Frauen. Auf Instagram und YouTube bietet sie Realtalk, Tipps und monatliche Challenges zum Thema. Und wer sich noch mehr Unterstützung wünscht, kann bei Madame Moneypenny ein achtwöchiges Mentoring-Programm buchen.

@madamemoneypenny

### Löwe im Adlerpelz
„Erfolg ist wie Ballonfahren: Wer aufsteigen will, muss andere rausschmeißen": Die Tipps von Christopher Strutz aka Business Lion sollte man besser nicht ernst nehmen. Auf Instagram entlarvt er die oft inhaltsleeren Heilsversprechen und banalen Business-Ratschläge selbsternannter Coaches in Social Media.

@der_businesslion

mehr auf Seite 166

### Money Kondo
Anders als viele Finfluencerinnen ist Hava Misimi ausgebildete Versicherungs- und Finanzberaterin. Auf ihrem Blog „Femance", bei Instagram und Facebook verzichtet sie trotzdem auf Fachjargon und erklärt „für junge Leute wie dich und mich", wie man mit einfachen Methoden seine Finanzen aufräumt.

@femance_finanzen

mehr auf Seite 100

### Alles im Fluss
Mit 24 Jahren gründet Thomas Kehl zusammen mit Arno Krieger den YouTube- und Twitch-Kanal „Finanzfluss". Heute ist er einer der bekanntesten Finfluencer Deutschlands und hat ein ganzes Team aufgebaut. Mit dem veröffentlicht er Videos, die auch ohne Vorkenntnisse verständlich sind.

@finanzfluss

# »Ist das noch eine artgerechte Haltung für Menschen?«

Wachstum artet viel zu oft in Wuchern aus, sagt
die Politökonomin und Transformationsforscherin Maja Göpel.
Geld sieht sie als Wurzel vieler Übel

Von Nancy Riegel (Text) und Johannes Arlt (Fotos)

Kopf in den Büschen: Als Expertin für Nachhaltigkeitspolitik verflicht Maja Göpel im Botanischen Garten in Berlin die Natur mit der Wirtschaft

»Es gibt Leute, die fragen: Darf die Göpel eigentlich so viel Geld
verdienen mit ihrer Agenda? Ich halte es mit Robin Hood:
Mit meinem Einkommen wächst das, was ich weitergeben kann«

**Maja, was empfindest du, wenn du von so vielen Pflanzen wie hier im Botanischen Garten Berlin umgeben bist?**
Mir schenken sie ein Gefühl von Ruhe und auch Dankbarkeit. Wenn ich sie genau anschaue, kommt oft Faszination dazu.

**Die Pflanzen wachsen so lange, wie genügend Nährstoffe und Platz zur Verfügung stehen. Ist das bei uns Menschen auch so?**
Pflanzen hören vor allem dann auf zu wachsen, wenn sie die optimale Größe gefunden haben. Bei uns Menschen als biologischen Wesen ist das auch so, wir werden ja auch nicht vier Meter groß, weil wir sonst irgendwann aus den Latschen kippen. Gesellschaftlich gesehen ist genau das dieser wichtige Suchprozess: Wachsen, bis ich für eine bestimmte Funktion eine mehr oder weniger optimale Konfiguration erreicht habe.

**Wie meinst du das?**
Die Beurteilung dessen, ob wachsen gut ist oder nicht, sollte mit der Frage starten: Was wollen wir denn erreichen? Bei biologischen Systemen ist das neben dem Überleben je nach Bewusstseinsgrad auch das Erleben. Daraus ergeben sich dann zum Beispiel Fragen nach der Geschwindigkeit, mit der Organismen sich entwickeln oder was sie an Informationen oder Energie sinnvoll verarbeiten können. „Mehr" und „besser" sind da bei Weitem nicht immer das Gleiche. Es geht um das richtige

Maß. Sonst starren wir die ganze Zeit gebannt auf den Tacho, ohne uns zu fragen, wo wir eigentlich hinwollen und was die Tankanzeige so sagt.

**Ist Wachstum also nicht immer prinzipiell gut?**
Nein. Bei Krebszellen und Corona-Viren finden wir Wachstum doch auch nicht so super.

**Du hast als Kind mit deinen Eltern und weiteren Familien in einer Wohngemeinschaft in einem Dorf bei Bielefeld gelebt. Was hat dir beim Aufwachsen gut getan?**
Die Diversität. Mit drei Familien in einem Haus zu wohnen, gibt dir einen Freiraum, der größer ist als deine Kernfamilie – und das hat alle entstresst.

**Hat dir etwas gefehlt? Oder geschadet?**
Ich war mega privilegiert, gefehlt hat mir nichts. Und einen Schaden haben wir doch alle, oder? Ich bin super darin, mich selbst fertig zu machen, mich stark unter Druck zu setzen und zu hohe Ansprüche zu haben. Keine Ahnung, wie man das jemals herausbekommt.

**Lass uns über Geld reden. Was sagst du als Ökonomin: Ist Geld die Wurzel allen Übels?**
In der heutigen Form, oft ja.

**Dein Bestseller heißt „Unsere Welt neu denken". Wie können wir Geld neu denken?**
Indem wir Geld nicht mehr als Ding wahrnehmen, sondern als eine Form von Energie, die es

»Lebendige Systeme entstehen aus einem Zusammenspiel. Wenn ich zu viel rausrupfe, funktioniert dieses Zusammenspiel nicht mehr«

mir ermöglicht, Dinge zu tun. Aktuell stellen wir uns Geld als einen Haufen vor, der auch noch begrenzt ist. Dabei haben wir doch eigentlich viel zu viel Geld auf diesem Planeten, das sich aber zu großen Teilen innerhalb der Finanzmärkte um seine eigene Vermehrung kümmert und gar nicht mehr in die Realwirtschaft kommt. Das muss sich ändern und der Einsatz von Geld wieder reale Wertschöpfung ermöglichen. Die eigentlich begrenzten Ressourcen sind Ökosysteme und Menschen, die arbeiten. Geld arbeitet nicht.

**Aber Menschen arbeiten für Geld. Du doch auch – oder nicht?**
Ja, natürlich. Geld ist eine wichtige gesellschaftliche Erfindung, die uns nicht nur Wert ausdrücken lässt, sondern auch Tauschprozesse koordiniert – Arbeitszeit gegen Geld, Geld gegen Lebensmittel. Aber Geld hat keinen direkten Nutzwert und Preise sagen heute oft nicht die Wahrheit über die geschöpften oder zerstörten Werte dahinter. Deshalb sind Preise politisch: Wer subventioniert denn das Autofahren oder tägliches Fleisch in öffentlichen Kantinen? Wir alle. Preise sind nicht neutral, sondern immer auch Ausdruck von gesellschaftlichen Vereinbarungen und Machtstrukturen.

**Was hat das mit deiner Arbeit zu tun?**
Die Frage der Verhältnismäßigkeit habe ich immer im Hinterkopf. Ich nehme für einen Vortrag im Unternehmenssektor eine relativ hohe Summe – da in diesem Sektor eben hohe Summen gezahlt werden. Es gibt Personen, die sagen, dass das nicht zu meiner inhaltlichen Arbeit zu sozialer Gerechtigkeit passt. Aber dann hätte ich nur zwei Möglichkeiten: mich unter Wert für den Kontext zu verkaufen oder nicht in dem Kontext sprechen. Als Selbständige geben ▶

**VOGELS KLIMACHECK:**

# WER HAT DEN UMWELTFREUNDLICHSTEN FUHRPARK DER BRANCHE?

„Post und DHL – mit Abstand. Mit ca. 40.000 Elektrotransportern, E-Trikes und E-Bikes ist über die Hälfte der deutschen Zustellflotte emissionsfrei. Außerdem versenden die mit GoGreen schon seit 11 Jahren unsere privaten Pakete und seit diesem Jahr auch alle Briefe in Deutschland durch Klimaschutz-investitionen komplett CO2-neutral. **Läuft.**"

# GELB IST GRÜN.

Selber checken auf: **VogelCheckt.de**

Deutsche Post    DHL

**Maja Göpel**

| Geb. | 1976 in Bielefeld |
|------|-------------------|
| 2001 | Diplom Medienwirtin, Europazertifikat Universität Siegen |
| 2007 | Promotionsstipendium und Lehre an Unis Hamburg, Kassel und York zur Dr.rer.pol. und Welthandelsexpertin |
| 2006 | Campaignerin Klima/Energie und Direktorin Future Justice beim Startup World Future Council in Brüssel |
| 2011 | Geburt ihrer ersten Tochter |
| 2013 | Leiterin Berliner Büro des Wuppertal Instituts |
| 2014 | Geburt ihrer zweiten Tochter |
| 2017 | Generalsekretärin im Wissenschaftlichen Beirat Globale Umweltveränderungen der Bundesregierung |
| 2019 | Mitinitiatorin der Scientists for Future |
| 2020 | Bestseller „Unsere Welt neu denken" |
| 2021 | Wissenschaftliche Direktorin The New Institute, Hamburg |
| 2022 | Sachbuch „Wir können auch anders" |

mir die hohen Honorare die Freiheit, in anderen Kontexten ehrenamtlich arbeiten zu können.

**Du möchtest also keine konkrete Zahl für deinen Verdienst nennen?**
Ich verdiene im Moment als Selbständige tatsächlich so gut wie noch nie in meinem ganzen Leben, ich bin sehr frei, meinen Alltag zu gestalten. Allerdings empfinde ich auch keine Faszination für Luxus und Statusgüter. Dennoch gibt es Leute, die fragen: Darf die Göpel eigentlich so viel Geld verdienen mit ihrer Agenda?

**Und, darfst du es?**
Wir reden hier über ein Einkommen, das sehr viele Personen im gehobenen öffentlichen Dienst für normal und unternehmerische Führungskräfte für viel zu gering halten würden. Natürlich könnte ich mit viel mehr Vorträgen im Corporate-Kontext auch sehr viel mehr Geld verdienen, die Anfragen sind da. Aber das tue ich nicht. Es geht mir genau um die ausgewogene Verbindung mit vielen Teilen der Gesellschaft. Ich halte es mit Robin Hood: Mit meinem Einkommen wächst das, was ich weitergeben kann. Ich freue mich darüber, mehr Geld spenden oder verschenken zu können.

**Warum wollen wir immer mehr Geld besitzen?**
Wir orientieren uns an denen, die am meisten haben. Das ist ganz tief einprogrammiert in der Art und Weise, wie wir über ein erfolgreiches Leben sprechen. Und das wird auch medial und in der Werbung unglaublich inszeniert. So landen wir allerdings im Hamsterrad: Uns fällt es schwer, mit unserem Besitz zufrieden zu sein, weil wir das Gefühl haben, die anderen setzen sich weiter ab. Und dieses Phänomen hört auch nicht auf, wenn wir immer mehr besitzen oder verdienen. Viele der reichsten ein Prozent sind genauso unzufrieden, weil es immer noch jemanden gibt, der mehr hat.

**Kannst du es nachvollziehen, wenn Menschen sagen, es macht sie glücklich, viel Geld zu besitzen?**
Die Gesellschaft verleiht mir Freiheit und Status, wenn ich viel Geld besitze. Aber: Das ist keine intrinsische Glücksquelle, also keine, die von innen heraus kommt. Es ist von externen Rückmeldungen abhängig, ob das, was ich besitze, mich noch glücklich macht – oder nicht. Statuskonsum löst nur einen kurzen Hype aus. Nach kurzer Zeit ist mir das teure Auto vor der Tür eher egal. Und wenn dann noch ein Kind sagt: „Dein SUV ist zu groß für unsere Stadt", kann dieses Glücksgefühl des Autokaufs ganz schnell wieder kippen.

**Bei welchen Käufen empfindest du dieses Hype-Gefühl?**
Ich kenne das von ästhetisch eindrucksvollen Dingen. Kleidung oder Möbel, bei denen ich das Handwerk bewundere. Die mag ich auch sehr lange und repariere sie oft. Oder bei unheimlich leckerem Essen. Aber ich muss immer zwischen dem Gefühl der Euphorie und Dingen unterscheiden, die mir eine tiefe Zufriedenheit geben. Der Hype des Neuen ändert sich in eine dankbare Beziehung – wie in der Liebe auch.

**Welcher Besitz verschafft dir diese tiefe Zufriedenheit?**
Ein Rückzugsort ist mir unglaublich wichtig. Meine eigene kleine Scholle, die ich mir schön einrichten kann und wo ich einfach „Queen of the castle" bin. Das muss aber kein megalomanisches Schloss sein.

**Und auf was verzichtest du bewusst?**
Ich fliege so gut wie gar nicht. Ich shoppe wenig Klamotten und liebe meinen Mantel auch dann noch, wenn ein Knopf fehlt. Ich esse schon seit langer Zeit kein Fleisch mehr. Und ich lege mein Geld nachhaltig an, auch wenn ich damit weniger Rendite bekomme. Aber: Auch solche Geldanlagen können gut performen.

**Warum investieren dann nicht alle Anlegerinnen in nachhaltige Fonds?**
Weil es immer noch weniger Gewinn bringt. Wer weiter in fossile Energien investiert, mit Nahrungspreisen spekuliert und sein Geld bei Unternehmen anlegt, die Dividende über Nachhaltigkeit stellen – wer also sagt, „mir ist die Welt ziemlich egal, Hauptsache, mein Portemonnaie wird dicker" – der kann ziemlich viel Geld verdienen. Und bekommt dafür viel Applaus. Aber dann muss ich mich auch fragen, in was für eine Welt ich investiere.

**Mit viel Geld kommt eben auch viel Macht. Menschen wie Elon Musk können sich ganze** ▶

# »Wir nähern uns aktuell wieder einer Herrschaft der Reichen an – und feiern die Leute dafür ab«

**Meinungsplattformen kaufen.**
In der ersten Aufklärung haben wir mal bestimmt, wir wollen keine Plutokratie mehr, keine Herrschaft der Reichen. Wir nähern uns aktuell aber wieder diesen Zuständen an – und feiern die Leute dafür ab, statt uns zu fragen, wie es passieren kann, dass jemand hundert Milliarden besitzt und wer die Regeln, die das möglich machen, beeinflusst hat.

**Warum ist die Finanz-branche so getrieben von Macht und Ansehen?**
In der Branche ist die Key Performance besonders einfach definiert: Möglichst viel Geld machen, möglichst schnell. Dafür nutzt man eine ganz eigene Sprache und lebt einen bestimmten Habitus, nach dem Motto: „Wir sind besser, die anderen checken es einfach nicht." Und auch die Ansicht: „Es geht doch eh alles den Bach runter, dann will ich wenigstens zusehen, dass ich der Luxus-Prepper bin", ist verbreitet. Alles Narrative, die bestimmte Verhaltensweisen rationalisieren – teilweise toxische.

**Ist Geld also nicht das wichtigste Kapital unseres Zusammenlebens?**
Nein. Es ist die erste Kapitalform, die man weg-lassen könnte. Stattdessen brauchen wir Human-kapital, Sozialkapital und natürlich das Naturka-pital. Bei keinem davon würden wir „mehr" mit „besser" gleichsetzen oder überhaupt davon aus-gehen, dass das möglich ist. Immer mehr Natur geht nicht, die Fläche ist begrenzt. Immer mehr Institutionen machen das Zusammenleben auch nicht besser. Immer mehr Bildung? Dann kriegen wir irgendwann einen mental overload. Auch das Realkapital in Form von Produktionsgütern als vierte Form sollte nicht immer zunehmen, sondern zu den aktuellen Herausforderungen pas-sen. Bei den vier genann-ten Kapitalformen geht es um Qualität, nicht Quanti-tät. Finanzkapital ist das einzige, das immer weiter wachsen kann. Und lange Zeit galt: Wenn ich mehr habe, geht es mir besser. Das ist heute nicht mehr der Fall. Stattdessen müs-sen wir uns fragen: Wann reicht's denn irgendwann mal? In reichen Gesell-schaften sehen wir eine viel zu hohe Arbeitsbelas-tung und Burnout – und nennen es dann „Produk-tivitätssteigerung". Ist das noch eine für Menschen artgerechte Haltung?

**Was wäre denn artge-rechter?**
Biologische Lebewesen und Systeme wachsen nicht exponentiell, son-dern regenerativ. Sie können sich nicht nur ver-ausgaben, sie brauchen auch Erholungspausen.

**Wann war der Kipp-punkt, an dem aus** ▶

Natursauna: Im Tropenhaus kommt sie erst so richtig auf Betriebstemperatur – Maja Göpel im Gespräch mit Nancy Riegel

**Wachstum Wuchern wurde?**

Viele Studien kommen in etwa auf das Jahr 1978, als in den ersten Ländern eine Entkopplung zwischen steigendem Wohlstand und steigender Lebensqualität stattgefunden hat. In der Forschung sprechen wir von Wachstumszwängen, Wachstum um jeden Preis. Heute beobachten wir einen weiteren Kipppunkt: In einigen Bevölkerungsgruppen, die sehr viel Geld verdienen, geht die Zufriedenheit wieder zurück – die Forschenden erklären das mit Überarbeitung und Stress.

**Medien, Marketing und PR kommunizieren wirtschaftliches Wachstum grundsätzlich als etwas Positives. Was ist falsch daran?**

Das Wort „Wachstum" wird viel zu undifferenziert genutzt, als ein Sammelbegriff von Bruttoinlandsprodukt, Investitionsvermögen, Lebensqualität bis hin zu menschlicher Entfaltung. So entstehen Schlagzeilen wie: „Habeck will das Wachstum abschaffen!" Wer ist denn „das Wachstum"? Das hat sich bei mir noch nicht vorgestellt, ebensowenig wie „die Märkte". Wachstum wird gerne mal zum Subjekt gemacht und als Voraussetzung für etwas dargestellt. Dabei misst der damit verbundene Indikator, das Bruttoinlandsprodukt, immer nur die Vergangenheit. Und menschliche Entfaltung hängt sehr stark mit Tätigkeiten zusammen, die überhaupt gar nicht im BIP eingerechnet werden. Viele würden sich ja befreit fühlen, wenn sie mehr Zeit für Care-Arbeit hätten – aber solange die nicht bezahlt wird, tut die ja gar nichts fürs Wachstum, ist ökonomisch betrachtet die unproduktivste Form unserer Existenz.

**Das Bruttoinlandsprodukt ist ein konkreter, messbarer Indikator für Wachstum. Wird der Begriff dadurch nicht greifbarer?**

Das Bruttoinlandsprodukt ist ein qualitativ blinder Indikator. Es sagt nichts über den Zustand unserer vier Kapitalformen aus. Die Flut im Ahrtal hat das BIP wachsen lassen. Aber niemand wird sagen, dass das in irgendeiner Form ein fortschrittsförderlicher Vorfall gewesen ist. Wir brauchen stattdessen Indikatoren, die uns verstehen lassen, ob wir uns qualitativ in Richtung gesellschaftlicher Ziele bewegen – oder nicht. Was entsteht, was geht kaputt durch die heutige Form des Wirtschaftens? Mit welcher Form des Wirtschaftens erreichen wir das bestmögliche Wohlergehen für möglichst viele Menschen, bei dem geringstmöglichen ökologischen Fußabdruck? Das sagt uns das Bruttoinlandsprodukt einfach nicht.

**Dein Forschungsgebiet, die Ökonomie, ist voll von solchen Messwerten. Fühlst du dich trotzdem darin wohl?**
Als Politökonomin interessiere ich mich vor allem auch für Narrative, Institutionen, Interessen und Macht, die mit und um diese Zahlenwerke entstehen. Und dafür, wie die ökonomische Denkweise uns helfen kann, die dringenden Probleme der Zeit zu lösen. Im öffentlichen Diskurs wird dann gerne das Bild vermittelt, dass weibliche Ökonominnen an Gesundheit, Familie und Umwelt interessiert sind, während sich die Jungs um die „harte Ökonomie" der Märkte kümmern. Da frage ich mich: Wem sollte erfolgreiches Wirtschaften denn dienen, wenn nicht dem Erhalt unserer Lebensgrundlagen und dem Wohlergehen der Bevölkerung? Ich finde es cool, dass sich die Frauen um die essentiellen Grundlagen von menschlicher Entwicklung kümmern. Schade ist, dass sie damit als „Ausreißer" gelten.

**Sind deine Ideen eines nachhaltigen Wirtschaftens wirklich umsetzbar?**
Wie kommen wir auf die Idee, dass nicht nachhaltiges Wirtschaften weiter tragbar ist? Wir haben uns in den letzten 200 Jahren alle Mühe gegeben, den denkenden Teil in uns so zu glorifizieren, dass dieser mit dem biologisch-verrottenden Rest des Körpers möglichst wenig zu tun hat. Nach dem Motto: „Macht euch die Natur untertan!" Dabei vergessen wir, dass wir in die Natur eingebettet sind. Die Corona-Viren haben das doch gerade erst wieder eindrücklich vorgeführt. Trotzdem schieben uns das große Geld und die großen Ideen zum Ziel, unsterblich zu werden, um uns am Ende ins Metaverse zu beamen. Aus meiner Sicht ist dieser Split zwischen Natur und Mensch ein ganz, ganz großer Fehler in unserem Denken.

**Wie lebst du im Einklang mit der Natur?**
Immer dann am besten, wenn ich entschleunige und im Moment bin. Ich liebe es, mit Pferden zu sein – oder einfach Sand unter den bloßen Füßen zu spüren. Die Augen schließen und den Wind oder die Sonne auf der Haut wahrnehmen. Und ausreichend schlafen, auch das hilft dem Einklang mit meinem Biorhythmus.

**Und woran bist du in deinem Leben am meisten gewachsen?**
An den größten Rückschlägen.

**Hast du ein Beispiel?**
Die Begleitung des Todes meiner besten Freundin. Ich bin sehr daran gewachsen, den Prozess ganz bewusst mitzugehen und habe wahnsinnig viel von ihr lernen dürfen. Ein anderes Feld sind Diffamierungen auf Social Media, die ich heute nicht mehr so nah an mich heranlasse. Auch Mobbing ist mir kürzlich begegnet. Da braucht es Resilienz, ohne zu verhärten.

**Wie schafft man das?**
Mit vielen tollen Menschen in meinem Umfeld. Und ich nehme mir Zeit für Meditation, Reflexion und Körperarbeit. Letzteres ist so unterschätzt, weil wir viele Dinge zwar kognitiv beackern, aber sie wohnen weiter in uns. Mein Körper kann mich erden, wenn ich ihn gut behandle.

**Wie vermittelst du deinen beiden Töchtern den Mut, Bestehendes zu hinterfragen?**
Ich nehme sie immer mit, nicht nur an Orte, sondern auch auf meinen Weg der Entscheidungsfindung. Ich sage ihnen nicht einfach: „Wir machen das jetzt so", sondern erkläre ihnen meine Abwägungen. Und frage nach, wenn sie unzufrieden wirken.

**Kann man das in die Kommunikation mit Erwachsenen übersetzen?**
Ich versuche immer, folgende drei Fragen zu klären. Erstens: Worum geht's eigentlich? Beispiel Veggie-Day in öffentlichen Kantinen: Hier geht es darum, eine klimatische Katastrophe abzuwenden, weniger Tiere zu quälen und die Gesundheit zu verbessern – nicht darum, dass die Grünen in deine Küche rennen und dir das Schnitzel aus der Pfanne reißen. Zweitens: Was passiert auf lange Sicht? Wir sind unglaublich in

> »Wer ist denn ›das Wachstum‹? Das hat sich mir noch nicht vorgestelllt. Ebenso wenig ›die Märkte‹«

Kurzfristigkeit gefangen, zum Beispiel bei nachhaltiger Landwirtschaft. Hier kommt es bei einer Umstellung kurzfristig zu Umsatzeinbußen, auf lange Sicht pendeln sich Umwelt und Ertrag aber neu ein. Und drittens: Was ist der Umkehrschluss? Wenn wir die Problemanalyse teilen, mein Vorschlag aus deiner Sicht aber nicht funktioniert, dann mach mir ein Gegenangebot. Sonst fahren wir gegen die Wand.

**Siehst du diese Abwägungen in der öffentlichen Kommunikation? Hier wird immer wieder der Vorwurf der Bevormundung laut.**
Ich finde, dass beispielsweise vom Wirtschaftsministerium jetzt viel besser in diesem Sinne erklärt wird. Das nimmt die Leute ernst. Bevormundung ist für mich eher, wenn jemand den Anspruch erhebt, für „die Leute" zu sprechen. „Die Leute wollen bei Corona-Lockerungen sofort wieder nach Mallorca reisen" – in Umfragen hat frau gesehen, dass das überhaupt nicht stimmt. Die Politik muss erläutern, warum sie bestimmte Entscheidungen trifft. Aber eine nachvollziehbare Evidenzbasis wäre schon geil.

**Was kann die Wirtschaft von der Natur lernen?**
Systemisch zu denken. Zu merken, dass ich nicht einzelne Elemente rausrupfen, rumschieben und komplett neu gestalten kann; sondern dass lebendige Systeme aus einem Zusammenspiel entstehen. Wenn ich zu viel rausrupfe, funktioniert dieses Zusammenspiel nicht mehr. ∎

# Kapitale Fragen an **Uwe Hochgeschurtz***

### Der beste Geld-Rat meiner Eltern
„Lass die Finger von Dispo-Krediten, auch wenn die Bank sie wärmstens anbietet. Und halte Dir immer mindestens zweitausend Mark Reserve auf dem Konto." Das sind Worte meines Vaters, die habe ich mir gemerkt und bin damit immer gut gefahren. Er ist Unternehmer gewesen, Jahrgang 1931, und hat sich in den Wirtschaftswunderzeiten etwas in Köln aufgebaut, ohne sich jemals zu verschulden. Damit ist mein Vater ein leuchtendes Vorbild für mich.

### Damit habe ich mein erstes Geld verdient
Zum Aufbessern meines Taschengelds habe ich im Alter von 15 Jahren Reklameblättchen in die Briefkästen unseres Viertels gesteckt. Und ich erinnere mich noch gut an das stolze Gefühl, als ich nach dem Realschulabschluss als Lehrling das erste Einkommen auf dem Konto hatte. Darauf ließ sich aufbauen: Nach der Ausbildung zum Groß- und Außenhandelskaufmann habe ich das Fachabitur gemacht und danach studiert.

### Meine erste große Anschaffung
Ein gebrauchtes Mofa. Es stammte vom italienischen Hersteller Malaguti und ich habe dem Vorbesitzer 1.000 Mark auf den Tisch legen müssen. Viel Geld – damals mit 17, aber ich habe immerhin zwei Fliegen mit einer Klappe geschlagen: Die Fahrten haben Spaß gemacht – und ich habe das Mofa wirklich gebraucht, um zu meinem Arbeitsplatz zu kommen.

### Mein kuriosester Aushilfsjob
Ein Semesterferien-Job als Wagenmeister im Luxushotel Pullman Windsor in Paris. Für mich als Auto-Fan und Student an der Uni Paris Dauphine ein echter Traumjob, denn als „Voiturier" durfte man die Luxuskarossen der Hotelkunden einparken. Ganz in der Nähe des Arc de Triomphe die tollsten Autos der Welt fahren und damit auch noch Geld verdienen – ich konnte mein Glück kaum fassen. Aushilfsjobs hatte ich übrigens viele, aber es musste immer was mit Autos sein. Ob Baustoffe ausfahren, Kataloge verteilen oder Medikamente zustellen. Auch den Kölner Taxischein habe ich gemacht. Seitdem kenne ich die Stadt wie meine Westentasche.

### Ich könnte mein Geld auch verdienen als
Da gäbe es viele Möglichkeiten. Einzige Bedin-

gung: Es muss etwas mit Autos zu tun haben. Die sind nun mal meine große Leidenschaft.

### Die beste Investition meines Lebens
Die erste Immobilie. Kann ich nur empfehlen – es zahlt sich aus. Auch weil man weiß, wofür man sein Geld ausgibt und wofür man einen Kredit aufnehmen muss.

### Die schlechteste
Ein Sparbuch. Das war damals schon wegen der niedrigen Zinsen kein gutes Geschäft und wäre heute, wo es oft schon Negativzinsen gibt, erst recht nicht zu empfehlen.

### Die schönste Art Geld auszugeben
Mit Familie und Freunden in einem guten Restaurant. Es muss gar nicht ganz teuer sein, aber mir macht es einfach Spaß, gut zu essen, guten Wein zu trinken. Das sind schöne Erinnerungen; meine drei Kinder schwärmen noch heute von gemeinsamen Abenden. Übrigens: Nicht nur in Frankreich kann es gesellschaftlich von Vorteil sein, sich ein wenig mit Wein auszukennen.

### Wichtiger als Geld ist
Gesundheit, Glück, Frieden – also fast alles, was man sich mit Geld nicht kaufen kann. Aber man braucht auch Geld, um ein paar gute Dinge genießen zu können. Deswegen schadet es sicher nicht, ein bisschen was davon zu haben – auch mit Blick aufs Alter.

# 10 Magazine und Websites

die News und Hintergünde aus der Finanzbranche liefern

### Krisengewinnler

„Capital" hat selbst erfahren, dass es im Kapitalismus häufig aufwärts, manchmal aber auch abwärts geht. Von der alten Größe der späten 90er ist das Magazin weit entfernt, doch die Redaktion macht mit ausgeruhter Unternehmensberichterstattung und klugen Analysen von Wirtschaft und Politik das Beste daraus.

capital.de

### Konstruktiver Ansatz

Die Redaktion von „Brand Eins" betrachtet Unternehmerinnen und Gründerinnen prinzipiell mit Neugier und einem offenen Blick. Das Magazin, von Gabriele Fischer vor fast 25 Jahren gegründet und bis heute geleitet, hat schon konstruktiven Wirtschafts-Journalismus gemacht, als es diesen Begriff noch gar nicht gab.

brandeins.de

### Der Boss als Niete

Die Wirtschaft, wie sie das „Manager Magazin" sieht, ist nicht in erster Linie eine Welt der kühlen Rechner, sondern Tummelplatz großer Egos und Schauplatz harter Machtkämpfe. Den Leserinnen gefällt daran, dass die Redaktion die Bosse am Ende einer Geschichte gerne einmal als Nieten dastehen lässt.

manager-magazin.de

### Grüne Wirtschaft

„Enorm" hat die Prämisse, dass unsere Wirtschaft so, wie sie ist, nicht bleiben kann: Das Magazin und seine Website beschäftigen sich mit nachhaltigem und ökologischem Denken und Handeln, grünem Lebensstil und sozialem Unternehmertum. Und zeigt, dass sich Geldverdienen und Gutes tun nicht automatisch ausschließen.

enorm-magazin.de

### Unabhängige Urteile

Durch den Dschungel von Kapitalanlagen, Versicherungen und Krediten schlägt „Finanztest" mit seinen Testberichten seit über 30 Jahren eine breite Schneise. Das Heft erscheint im Verlag der Stiftung Warentest. Verzicht auf Anzeigen soll garantieren, dass Finanz-Anbieter keinen Einfluss auf Redaktionelles nehmen.

test.de

### Staatsfeind

Der wirtschaftsliberale Ökonom, Autor und Blogger Daniel Stelter hält den Staat in der Wirtschaft vor allem für ein Problem. In seinem Blog „Think Beyond The Obvious" analysiert er aus diesem Blickwinkel heraus die aktuelle Lage von Wirtschaft und Finanzen. Für Audio-Fans gibt es auch einen Podcast.

think-beyondtheobvious.com

### Technik mit Potential

„Technology Review" ist die deutsche Ausgabe eines 1899 gegründeten Magazins des renommierten Massachusetts Institute of Technology (MIT) in den USA. Es berichtet über Trends, die das Potential haben, unsere Gesellschaft und unser Leben zu verändern. Und kann so Anlageinspiration geben.

heise.de/tr

### Mehr Geld, bitte!

„Finanzielle" ist die kleine Schwester der Frauenzeitschrift „Emotion". Sie will Frauen ansprechen, die mehr aus ihrem Geld machen wollen – von der Berufsanfängerin bis zur erfahrenen Unternehmerin. Zum Konzept gehören neben dem gedruckten Magazin Veranstaltungen und Beratung.

emotion.de/finanzen

### Fairness geht vor

Die Investigativjournalisten Christian Salewski und Felix Rohrbeck waren es leid, immer nur Skandale und Missstände anzuprangern. Mit „Flip", einer Website mit einem Newsletter als Zugpferd, wollen sie Wege aufzeigen, wie es in Wirtschaft und Gesellschaft fairer und ökologischer zugehen könnte.

letsflip.de

### Frauenversteherinnen

Mit der Initiative Finanzheldinnen will die Commerzbank nicht ganz uneigennützig Frauen für Finanzen begeistern und ihnen Wissen rund ums Geld vermitteln. Die Bank-Mitarbeiterinnen Katharina Brunsendorf, Maximiliane Stratmann und Berith Wenzel tun das mit einer Website, Podcasts und einem Buch.

finanz-heldinnen.de

# RE:THINK
# RE:DUCE
# RE:USE
# RE:CYCLE

**Unser Anspruch: Nichts weniger als ein Paradigmenwechsel.**
Der Einsatz von Grünstrom ist nur ein erster Schritt zu einem
klimafreundlichen Fahrzeug. Wir bei der BMW Group gehen
weiter und denken ganzheitlich. Unsere Fahrzeuge sollen durch
und durch nachhaltig werden – vom Rohstoffeinsatz über die
Herstellung bis zum Recycling. Darum setzen wir auf Zirkularität
und geben Sekundärmaterial den Vorrang.

**PREMIUM DURCH VERANTWORTUNG.**

BMW
GROUP

  ROLLS-ROYCE
MOTOR CARS LTD

# KAPITAL

## 5.453.700.000.000

also über 5 Billionen Euro, sind alle Grundstücke, Wald- und Landwirtschaftsflächen zusammengenommen in Deutschland wert. Sagt die amtliche Statistik für das Jahr 2018

**76** Milliarden US-Dollar beträgt der Nettogewinn der Google-Mutter Alphabet im Jahr 2021. Das ist mehr als die Staatseinnahmen von Ländern wie Neuseeland, Ungarn oder Peru

## 12,35

Milliarden D-Mark sind als Bargeld noch immer im Umlauf – beziehungsweise verstecken sich unter Kopfkissen und in Tresoren

**43** Millarden Euro besitzt Dieter Schwarz, Eigentümer der Schwarz-Gruppe, zu der Lidl und Kaufland gehören. Er ist damit der reichste Mensch Deutschlands

**20** ist die Lieblingszahl der Geldfälscher: Der 20-Euro-Schein wird am häufigsten gefälscht. Platz 2 im Blüten-Ranking belegt knapp dahinter die 50-Euro-Note

## 27,5

Originalgröße!

Millimeter lang und 38 Millimeter breit ist die kleinste Banknote der Welt. Damit ist der rumänische 10-Bani-Schein aus dem Jahr 1917 gerade einmal so groß wie eine Briefmarke

**960** Euro pro Kopf haben die deutschen Sparerinnen im Jahr 2021 durch die Inflation verloren. 2022 dürften es noch einmal deutlich mehr werden.

Quellen: EZB, comdirect.de, Statista, Guinness World Records, wiwo, BGB, mondgrundstueck-kaufen.de, Bundesbank, Manager Magazin, Wikipedia; Fotos: Picture-Alliance, iStockphoto

# 0,0008

Euro war ein Bitcoin im Jahr 2010 wert. Beim Allzeithoch am 10. November 2021 erzielte die Kryptowährung 68.789,43 US-Dollar pro Coin

# 10

Euro dürfen Finderinnen maximal behalten, wenn sie Geld oder Wertsachen auf dem Bürgersteig entdecken. Alles darüber muss abgegeben werden. Es gibt aber ein Recht auf Finderlohn: fünf Prozent bis zu einem Wert von 500 Euro, drei Prozent bei allem darüber

# 37

Milliarden 1-Cent-Münzen sind 2020 in Europa ausgegeben worden. Einschließlich aller größeren Münzen waren das 138 Milliarden Geldstücke

# 7

Tonnen schwer ist das größte Sparschwein der Welt. Die Kreissparkasse hat es 2015 auf dem Ludwigsburger Schillerplatz aufgestellt. Die knallrote begehbare Sau trägt den Namen Louise

# 50.000

Quadratmeter auf dem Mond gibt es schon zum Schnäppchenpreis von 29,90 Euro. Das Problem: Der Mond hat keinen Besitzer. Den Preis zahlt man also nur für die überteuerte „Besitzurkunde"

# 7.900.000

US-Dollar verdient Jeff Bezos pro Stunde. Eine deutsche Amazon-Mitarbeiterin muss sich mit einem Einstiegsgehalt von 12 Euro die Stunde begnügen

# Kapitale Fragen an **Filiz Albrecht***

***Filiz Albrecht** ist als Arbeitsdirektorin Teil der Bosch-Geschäftsführung

**Der beste Geld-Rat meiner Eltern**
„Wer billig kauft, kauft zweimal." Meine Eltern gaben mir mit, dass Qualität wertvoll ist. Nicht ohne Grund bin ich heute Geschäftsführerin in einem Unternehmen wie Bosch, das hochwertige „Technik fürs Leben" herstellt.

**Damit habe ich mein erstes Geld verdient**
Ich habe in der zehnten Klasse Nachhilfeunterricht gegeben. Das war für mich leicht verdientes Geld – das habe ich eisern gespart und nebenbei auch selbst eine Menge gelernt.

**Meine erste große Anschaffung**
Ein gebrauchter, oranger Fiat Bambino für 600 D-Mark! Ich war unglaublich stolz, auch wenn er kaum die Berge hinaufkam.

**Mein kuriosester Aushilfsjob**
Ich war während meines Studiums eine Zeit lang als Dolmetscherin bei der Kripo tätig. Das war wirklich spannend! Bei Vernehmungen stand ich zwischen den Beschuldigten und der Polizei. Dazu gehörte manchmal ganz schön viel Mut.

**Ich könnte mein Geld auch verdienen als**
Ich höre oft, ich sei die geborene Diplomatin. Tatsächlich ist es auch in meinem Job wichtig, ein offenes Ohr und Herz für die Anliegen anderer zu haben. Ich verstehe mich als Brückenbauerin: Eine transparente Feedbackkultur und die Suche nach dem besten Kompromiss für verschiedene Stakeholder spielen in unserer Personalarbeit bei Bosch eine große Rolle.

**Die beste Investition meines Lebens**
Meine Bildung. Auch bei mir waren die Lehrjahre keine „Damenjahre": Ich habe zehn Jahre lang viel gebüffelt und musste mich stark einschränken – doch das erlangte Wissen und die Erfahrungen waren es wert. Heute setze ich mich für eine Kultur des lebenslangen Lernens ein.

**Die schlechteste**
Ich habe mal in ein Haus im Ausland investiert, weil wir es für eine gute Idee hielten – doch die Lage erwies sich als miserabel. Wir haben das Haus dann wieder verkauft. Lieber ein Ende mit Schrecken als ein Schrecken ohne Ende!

**Die schönste Art, Geld auszugeben**
Am liebsten gebe ich Geld für gemeinsame Erlebnisse mit Familie und Freunden aus.

**Wichtiger als Geld ist**
Menschen, auf die man sich verlassen kann. Und eine positive Lebenseinstellung – die ist für mich unbezahlbar!

Foto: PR

**5G** [1]

**Zusammen in die Zukunft:**

# Highspeed-Netz für Highspeed-Züge

Wir stellen die Weichen für ruckelfreies Surfen und Telefonieren ohne Unterbrechungen. Und bringen unser grünes Mobilfunk-Netz mit 225 Mbit/s an alle Haupt-verkehrsstrecken der Deutschen Bahn.[2] Für eine lückenlose Versorgung bis 2025. Das macht Zugfahren noch attraktiver. Unser Beitrag zur Verkehrswende und zum Klimaschutz.

**Mehr Infos auf: vodafone.de/digitaleschiene**

Together we can

# Willkommen bei **kronendach**.

**kronendach**, so nennt man das Blätterdach eines Waldes, ein grüner Baldachin, der alles schützt, was darunter ist.

Wir haben **kronendach** ins Leben gerufen, um Menschen und Ideen zusammenzubringen, die dich inspirieren. Um dir neue Wege zu zeigen, deinen Alltag so zu gestalten, dass er sich richtig anfühlt.

Entdecke mit uns die Kunst des nachhaltigen Lebens.

Atme durch. Komm mit auf die Reise.

**Benjamin, lass uns über Geld, Arbeit und Sinn reden. Wann hast du das erste Mal gearbeitet?**
Mein erstes Geld habe ich noch zu D-Mark-Zeiten mit dem Waschen von Autos verdient. Zusammen mit einem Freund haben wir vor einem Café, das an einer Sandstraße lag, für das Reinigen der Scheiben circa 50 Pfennig erhalten und für die Komplettreinigung eines Autos sogar zehn D-Mark.

**Hast du auch mal einen richtig verrückten Job gehabt?**
Mein Job als DJ für einen 16. Geburtstag in dem Bistro meiner damaligen Freundin, heute Frau, war für mich bisher die kurioseste Tätigkeit. In meiner Jugend habe ich als DJ gutes Geld verdient. Ich hätte nicht gedacht, dass ich 20 Jahre später mal wieder auflegen würde – noch dazu auf Bitten und im Bistro meiner Frau.

**Könntest du notfalls noch hinter den Turntables arbeiten?**
Wenn alle Stränge reißen sollten, könnte ich mich als Cutter betätigen. Denn in dem Filmstudio eines

**Benjamin Otto**
ist gestaltender Gesellschafter bei Otto. Der Hamburger macht eine Lehre als Bankkaufmann und studiert dann Wirtschaftswissenschaften. Er betätigt sich als Gründer, ruft etwa das E-Commerce-Startup Collins mit ins Leben, das heute About You heißt. Zudem steht er mit seiner Frau hinter der Stiftung Holistic Health Institute

# »Der Kapitalismus ist keine dauerhafte Lösung für einen glücklichen Planeten«

Otto-Erbe **Benjamin Otto** spricht über Kindheits-Jobs, seine Arbeit als DJ und seine Stiftung für eine enkeltaugliche Welt

Foto: PR

Bekannten habe ich gesehen, wie man Filme professionell schneidet und habe dann mit meinem Computer selbst Filme bearbeitet und geschnitten. Aber ja, vielleicht würde auch meine Tätigkeit als DJ noch funktionieren.

**Was hast du mit deinem ersten selbst verdienten Geld gemacht?**
Meine ersten 600 Mark habe ich als Praktikant bei Otto verdient. Einen Teil davon habe ich für eine Computerplatine ausgegeben, mit der man den Programmcode von offenen Spielen zu seinen Gunsten verändern konnte. Der andere Teil des Geldes wanderte auf mein Sparkonto. Das gab mir ein großes Glücksgefühl.

**Wann hast du gemerkt, dass Geld bei dir in der Familie kein Thema ist?**
Grundsätzlich haben mich meine Eltern sehr sparsam erzogen. Ich bekam z.B. weniger Taschengeld als meine Freunde. Als mein Vater mir als Jugendlichem dann aber als Anreiz zum Nichtrauchen und Bestehen des Abiturs ein eigenes Auto zum Abitur versprach, wusste ich, dass das etwas ganz Besonderes war und sich das auch nicht jeder leisten konnte.

**Was war die beste Investition deines Lebens?**
Wenn es nach der reinen Wertentwicklung geht, war der Aufbau und spätere Verkauf meines eigenen Unternehmens Evoreal die beste Investition. Inzwischen zählt für mich allerdings der Impact einer Investition mehr als die Wertentwicklung. Die beste Investition wird ein neues soziales

# »Die Welt ist im Wandel. Geld wird dann Mehrwert generieren, wenn es intelligent eingesetzt wird«

Netzwerk im Impact-Bereich sein, in das ich gerade investiere. Dort wollen wir innerhalb der kommenden zehn Jahre das Leben von mindestens einer Milliarde Menschen direkt oder indirekt positiv beeinflussen.

**Hat ein Investment auch mal richtig enttäuscht?**
Mit meiner Beteiligungsgesellschaft habe ich in einige Startups investiert. Es kommt immer wieder vor, dass sich einzelne Beteiligungen auch mal schlecht entwickeln. In meiner Anfangszeit als Venture-Capital-Investor habe ich mehrfach in ein Unternehmen investiert, das Überhänge – also nicht benötigte Ware – von Herstellern oder Händlern wiedervermarktet. Dieses Unternehmen gibt es leider nicht mehr.

**Da gibt es sicher nettere Arten, Geld auszugeben.**
Ja, wenn man es für einen guten Zweck einsetzt. Meine Frau Janina Lin und ich haben uns vor einigen Jahren dazu entschieden, eine eigene Stiftung, die Holistic Foundation, ins Leben zu rufen. Die Geburten unserer Kinder waren hier sicherlich entscheidende Momente, in denen wir uns überlegt

haben, welchen Beitrag wir leisten wollen, um die Welt enkeltauglicher zu machen. Die Vision unserer Stiftung lautet: Bewusste Menschen für eine glücklichere Welt. Die Stiftung ist nun der Ort, an dem es für mich persönlich am schönsten ist, Geld auszugeben und zu sehen, was es bewirken kann.

**Was macht mehr Sinn als Geld?**
Es mag etwas pathetisch klingen, aber es sind die vermeintlich kleinen Dinge, die den Sinn des Lebens formen. Zum Beispiel ein schöner Waldspaziergang, bei dem man den Duft der Nadelbäume riecht und Sonnenstrahlen, die den Waldboden erhellen oder ein Lächeln eines Menschen. Die Liebe der Familie, Traktor fahren und den Pferdemist verteilen, wo er gebraucht wird, artgerecht Tiere züchten, alternative Energiegewinnung und vieles mehr, was unseren Planeten vielleicht ein wenig besser macht.

**Fördert unsere Wirtschaftsordnung das Streben nach solchen Idealen? Was hältst du vom Kapitalismus?**
Der Kapitalismus hat in Teilen der Welt für Wohlstand gesorgt, während dieser Wohlstand zu Lasten anderer Menschen und vieler Tiere gegangen ist. Der Kapitalismus ist meines Erachtens keine dauerhafte Lösung für einen glücklichen Planeten.

**Geld kann Unfrieden stiften oder Gutes. Wozu willst du anstiften?**
Ich glaube, es muss für eine zukunftstaugliche

Gesellschaft einen Paradigmenwechsel geben. Geld kann helfen, ein System zu schaffen, um einen Paradigmenwechsel zu erleichtern. Es gibt viele Dinge, die wir gerade anstiften wollen. Ein großes Projekt, das Janina Lin und ich angeschoben haben, ist das Life Hamburg. In der Stadt wird bis 2025 ein großes Gebäude entstehen, welches als Begegnungsstätte für alle Generationen wirken soll. Ein Ort der Kollaboration und des lebenslangen Lernens. Hier wird eine Schule genauso ihren Platz finden, wie ein Startup-Campus oder ein Gesundheitszentrum. Ich hoffe, dass wir so einen Paradigmenwechsel erleichtern können.

**Geld regiert die Welt. Glaubst du an diesen Spruch?**
Für die Vergangenheit mag das zutreffen, da viele Menschen durch das kapitalistische System profitiert haben. Die Welt ist jedoch im Wandel. Geld wird vor allem dann Mehrwert generieren, wenn es intelligent eingesetzt wird.

**Sind Dinge, die nichts kosten, nichts wert?**
Was für eine Frage. Gegenfrage: Ist Liebe, ein Spaziergang in der Natur oder ein Lächeln nichts wert? Ich finde schon.

**Spielen wir Wahrsager. Worauf dürfen sich deine Erben freuen?**
Eine bewusstere und glücklichere Welt, in der jeder sein Potential lebt. Unsere Ressourcen und unser Wirken werden hoffentlich dazu beitragen.

Interview: Peter Turi

# »Sicherheit, Freiheit, Druck, Schmutz, Macht«

**Monika Müller,** Finanzpsychologin, sagt: Was Geld uns bedeutet, ist so individuell wie ein Fingerabdruck. Wer das erkennt, kann wertvollere Entscheidungen treffen

**Was macht das Thema Finanzen spannend für eine Psychologin?**
Auf den ersten Blick hat das nicht viel miteinander zu tun: Zahlen, Daten, Fakten der Finanzwelt – und die Psychologie, bei der es immer um Emotion geht. Aber: Was wir fühlen, wissen und denken, übertragen wir aufs Geld. Geld ist eine Projektions-fläche für alles, was wir uns wünschen oder was wir ablehnen.

**Was Geld für uns bedeutet, ist also individuell?**
So individuell wie ein Fingerabdruck. Jeder von uns hat ein komplett eigenes Muster, was er oder sie mit Geld verbindet. Es gibt da kein „normal". Sicher-heit, Freiheit, Druck, Schmutz, Macht – es gibt nichts, was Menschen nicht auf Geld übertra-gen. Beim Anblick der gleichen Zahlen auf dem Kontoauszug oder einem Preisschild fühlt sich der eine vielleicht reich, der andere arm.

**Trotzdem nutzen wir Geld als gemeinsame Währung, legen Preise,** Wechselkurse, Steuer-sätze fest, die für alle gelten. Ist das nicht para-dox?
Wir drücken uns über Geld aus. Wir sagen damit, was uns etwas wert ist, was wir in eine Beziehung reingeben wollen. Wir Menschen haben Geld als Ressource erfunden, die uns alle verbindet – als Kommunikations-, nicht

Fotos: Thomas Schiffmann

**Monika Müller** ist Finanz-psychologin und -coach. Mit ihrem Unternehmen FCM bildet sie Entscheide-rinnen aus Finanzbranche und Wirtschaft weiter

»Wenn ich mich mit und ohne Geld glücklich, sicher und wertvoll fühlen kann, habe ich das volle Entfaltungs-potential«

als Tauschmittel. Geld gab es schon lange, bevor es die uns bekannte Wirt-schaft gab.

**Was war Geld dann, wenn kein Tauschmittel?**
Sein sozialpsychologischer Ursprung ist älter als das Konzept des Tauschens und Handelns: In Gemein-schaften hat man den so-zialen Status einer Person mit einem Geltungsstück an der Kleidung signali-siert. Geld war also da-mals schon Statussymbol. Auch ein Honorar war ursprünglich eine Ehren-gabe für eine Leistung – und nichts, was vorher als Gegenwert für diese Leistung ausgehandelt und festgelegt worden ist. Und keine Religion kommt ohne das Thema Geld aus: Schuld, Opfer, Gaben... Das alles hatte mit Wirt-schaft lange nichts zu tun. Ist aber immer noch in uns drin.

**Was prägt unsere Bezie-hung zu Geld noch?**
Jede Lebenserfahrung ab dem Punkt, in dem es in unser Leben tritt. Nach-dem wir auf die Welt ge-kommen sind, nehmen wir uns, was wir brau-chen – oder wir schreien, bis wir es bekommen. Bei jedem gibt es einen Punkt, an dem das kippt. Zum Beispiel: Wenn ein Kind zum ersten Mal mit im Supermarkt ist, einen Apfel greifen möchte wie zuhause und der Vater sagt: „Den müssen wir erst bezahlen." In dem Mo-ment lernt es: Erst Geld, dann zufrieden. Solche Erfahrungen reihen wir aneinander wie eine Per-lenkette, mit Milliarden verschiedener Kombina-tionsmöglichkeiten. Dar-

aus entsteht unsere innere Geld-Landkarte.

**Wie kann ich diese Er-kenntnis für meine Geld-geschäfte nutzen?**
Bevor ich die nächste Ent-scheidung treffe, sollte ich diese Landkarte erstellen. Mithilfe einer Mind-Map, eines Tagebuchs oder ein-fach, in dem ich am Ende jedes Monats neben jeden Kontoauszug schreibe, wie es mir geht.

**Aber sollten Emotionen wirklich meine Finanz-entscheidungen leiten?**
Das tun sie immer, ob ich will oder nicht. Wichtig ist, sich das bewusst zu machen, um sachlich mit Zahlen und Fakten um-gehen zu können. Ärgere ich mich über eine Zahl in meiner Bilanz, kann ich das als Impuls nutzen und fragen: Was will ich nächsten Monat ändern, damit ich mich nicht mehr ärgere? Oder ich erkenne: Ich selbst will genau so weiter leben – und meine Gefühle sind nur gelernt, weil mir meine Eltern beigebracht haben, dass am Ende des Monats so und so viel Geld übrig sein muss. Anlageentschei-dungen müssen zu mir und meinen Bedürfnissen passen, damit es gute Ent-scheidungen sind.

**Wie oft sollte ich meine Beziehung zum Geld infrage stellen?**
Wenn sich die Lebens-situation ändert, lohnt es sich, bestehende Entschei-dungsmuster zu über-denken – selbst wenn man damit bisher ganz gut gefahren ist. Wenn Paare Eltern werden und ge-meinsam für die Zukunft des Kindes planen. Wenn

jemand sich selbstständig macht und plötzlich viel häufiger Entscheidungen treffen muss.

**Macht Geld glücklich?**
Jeder sollte in Gedanken mal spüren: Wie geht es mir ohne, mit viel, mit wenig Geld? Wenn ich mich mit und ohne Geld glücklich, sicher und wert-voll fühlen kann, habe ich das volle Entfaltungspo-tential. Es gibt Menschen, die trauen sich nicht ohne Bargeld aus dem Haus. Andere trauen sich nicht, über ihr Gehalt zu sprechen, weil sie sich als reich oder arm nicht wert-voll für die Gesellschaft fühlen. All das schränkt uns ein.

**Macht Geld frei?**
Nein. Aber 90 Prozent der Menschen haben das ge-lernt. Dabei kann ich zum Beispiel beim Trading an der Börse erst dann die geldbringenden Entschei-dungen treffen, wenn ich meine gefühlte Freiheit nicht ans Geld kopple.

**Wären Sie eigentlich gerne Millionärin?**
Ich hab mich vor mehr als 20 Jahren selbstständig ge-macht. Da habe ich über manche Ideen gedacht: Das machst du, wenn du die erste Million verdient hast. Dieser Gedanke hat zum Glück nur ein paar Sekunden gedauert. Dann habe ich entschieden, ab sofort alle Entscheidungen so zu treffen, als ob ich schon Millionärin wäre. Inzwischen bin ich es, das ist aber irrelevant. Aber diese Entscheidung war dafür wegweisend.

Interview:
Anne-Nikolin Hagemann

# »Krypto ist digitales Gold«

**Mirco Recksiek,** Gründer von Bitcoin2Go, gibt Tipps für Investments in Kryptowährungen. Angst vor digitalem Geld muss man nicht haben, sagt er. Aber reich werden damit nur die wenigsten

**Mirco, warum gibst du kostenlos Tipps für Kryptowährungen und scheffelst nicht heimlich einen Haufen Kohle?**
Das mache ich ja trotzdem. Spaß beiseite – sharing is caring. Wenn es gut läuft, ist es umso schöner, das mit anderen zu teilen. Ich möchte solide und sichere Informationen zum Thema Krypto liefern. Finanzielle Bildung lernen wir nicht in der Schule, aber es ist wichtig, sich mit seinem Geld zu beschäftigen.

**Ist dir normales Geld zu langweilig?**
Eigentlich nicht, ich habe eine klassische Ausbildung bei der Bank gemacht. Und ich bezahle fast alles in Euro. Kryptowährungen stecken noch mitten in der Preisfindungsphase, der Kurs geht rauf und runter, weswegen sie sich als klassisches Zahlungsmittel noch nicht wirklich eignen. Deswegen verstehe ich Krypto momentan hauptsächlich noch als Geldanlage, als digitales Gold, ähnlich wie Aktien. Und ich bezahle im Laden ja auch nicht mit einer Tesla-Aktie.

**Womit verdienst du mehr Geld: Mit Krypto oder deinen Social-Media-Kanälen?**
Mit Krypto. Ich kann damit sogar meinen Lebensunterhalt bestreiten. Aber nur, weil ich schon früh in das Thema eingestiegen und hohe Risiken eingegangen bin. So investiere ich heute nicht mehr und das würde ich auch niemandem raten. Ich will jetzt langfristig ein gutes Portfolio aufbauen, um im Alter auch wirklich etwas von dem Geld zu haben und nicht in die Situation zu kommen: gestern Lambo, heute Tonne.

**Im Team von Bitcoin2Go gibt es fast ausschließlich junge Männer. Ist Krypto ein Männerding?**
Ja, weil die Finanzwelt sehr männerlastig ist, genauso wie die Technikwelt. Bei Krypto kommt beides zusammen. Hinzu kommt ein hohes Risiko, das Männer wohl eher bereit sind, einzugehen.

**Wie hoch ist das Risiko, sehr viel Geld zu verlieren?**
Sehr hoch, leider. Es gibt mittlerweile über 10.000 Kryptowährungen, von denen aber nur wenige wirklich relevant sind, wie der Bitcoin. Ich kann natürlich in eine neue, noch unbekannte Kryptowährung investieren und Millionär werden. Aber das schaffen nur die wenigsten, die meisten verlieren ihr Geld. Und: Es gibt etliche Coins, hinter denen Betrüger stecken. Man muss aber auch keine Angst vor Krypto haben. Am Anfang sollte man immer nur kleine Beträge einsetzen, die man auch gewillt ist, zu verlieren.

**Bist du schon mal auf Betrüger hereingefallen?**
Ja, tatsächlich. Ich wollte mal in ein NFT investieren, bin mit dem falschen Link auf eine falsche Seite gekommen – dann war mein Geld weg.

**Muss ich das System hinter Krypto vollständig durchblicken, um erfolgreich zu investieren?**
Die gleiche Frage könnte man auch bei Aktien stellen. Die wenigsten, die in Aktien investieren, sind sich wirklich bewusst, wie das Unternehmen dahinter funktioniert, warum der Kurs steigt und fällt. Ich muss bei Tesla nicht wissen, wie das E-Auto aufgebaut ist, um eine Aktie zu kaufen. Aber ich muss Vertrauen in das Unternehmen hinter der Aktie haben, das gilt auch für Krypto. Deshalb sollte man sich auf entsprechenden Portalen informieren.

**Findest du Bitcoins besser als Aktien?**
Ja, denn man kann seine Kryptoanlage selbst komplett verwalten. Das digitale Wallet, in dem ich meine Bitcoins sammle, kann ich herumtragen wie meine eigen Brieftasche – nur eben digital. Ein Aktiendepot wird immer mindestens von einer Bank verwaltet. Ich schätze die Dezentralität, Freiheit und Zensurresistenz von Krypto.

**Hast du lieber viele Geldscheine in der Tasche oder viele Coins im digitalen Wallet?**
Definitiv Coins, weil ich sowieso kaum noch mit Bargeld bezahle. Und mein Bankkonto kann gesperrt werden, meine Wallet nicht.

**Mirco Recksiek** macht nach dem Abitur eine klassische Bankenlehre und später einen Master in BWL. Vor sechs Jahren entdeckt er Kryptowährungen für sich und arbeitet ab 2017 als Blockchain-Experte bei der Unternehmensberatung KI Group in Köln. 2020 macht er sich mit Bitcoin2Go selbstständig und teilt seitdem sein Kryptowissen auf seiner Webseite und seinen Social-Media-Kanälen

**Wenn Krypto so toll ist, warum investiert dann nicht schon jeder?**

Die komplette Adaption wird erst dann vollzogen sein, wenn wir in der Digitalisierung einen großen Schritt nach vorne gehen. Vor allem braucht Krypto noch mehr Regulierung, um es für den Massenmarkt zugänglich zu machen. Ich sponsere eine kleine Fußballmannschaft in Essen. In der A-Jugend ist es fast normal, mit 18, 19 Jahren Krypto oder NFT als Anlage in der Wallet zu haben. Ich glaube, in 20 Jahren nutzen wir ganz selbstverständlich solche Währungen. Die wenigsten verstehen das Internet, aber jeder nutzt es. Das wird bei Krypto auch irgendwann so sein.

**Das Schürfen von Bitcoins verbraucht aber unfassbar viel Energie. Zerstören wir unsere Welt, wenn wir alle in Bitcoins investieren?**

Es stimmt, Mining ist sehr energieintensiv. Aber es wird schon jetzt ein großer Teil des Stroms aus erneuerbaren Quellen gewonnen. Und die Energie wird ja nicht nur verheizt. Man erschafft damit ein Geldnetzwerk über den gesamten Globus – und das ist energieeffizienter als das Netzwerk, das wir jetzt haben. Klar, Bitcoin ist nicht die Antwort auf alles, aber hier mal ein lustiger Vergleich: Das Bitcoin-Netzwerk verbraucht weniger Strom als alle Wäschetrockner dieser Welt. Und die braucht man auch nicht unbedingt.

**Was, wenn die EU Bitcoin verbietet?**

Dann würde es einfach keinen Bitcoin-Miner in Europa mehr geben. Aber dann zieht das Netzwerk einfach weiter, in Länder, wo das Schürfen erlaubt und der Strom billig ist. Bitcoin müsste also weltweit verboten werden. Und die Welt konnte sich noch nie auf eine gemeinsame Sache einigen.

**Und wenn der Bitcoin-Kurs auf Null fällt?**

Dann hab ich mit Zitronen gehandelt und kann zumindest sagen: Es war 'ne schöne Zeit.

Interview: Nancy Riegel

**Kryptowährungen** sind digitale Zahlungsmittel. Das Geld wird ohne Bank oder Mittelsmänner über ein Kryptonetzwerk transferiert. Die Echtheit gewährleisten dabei die Blockchain-Technologie und eine kryptografische Verschlüsselung. Das entspricht einem dezentralen Kassenbuch, in dem alle Transaktionen des Netzwerks gespeichert werden.

**Bitcoin** ist die erste offizielle Kryptowährung und der Ursprung der Blockchain-Technologie. Sie wurde von einem bis heute unbekannten Erfinder mit dem Synonym Satoshi Nakamoto in Umlauf gebracht und 2009 erstmals eingesetzt. 1 Bitcoin entspricht 100.000.000 Satoshi, der kleinsten Einheit des Bitcoin.

**Mining oder Schürfen** ist der Prozess, bei dem durch den Einsatz von Rechenpower neue Bitcoins geschaffen werden. Miner erweitern die Blockchain um einen neuen Block von Transaktionen.

**Krypto-Asset** ist eine alternative Bezeichnung für den Oberbegriff aller Kryptowährungen. Denn in den meisten Fällen bilden Kryptowährungen einen Anteil am Netzwerkwert ab, ähnlich wie bei einer Aktie der Anteil am Unternehmenswert.

# »Schulden sind das Elixier des Kapitalismus«

**Tanja Birkholz**, CEO der Kreditauskunftei Schufa, über gute und schlechte Schulden und die Kreditwürdigkeit der Bundesrepublik Deutschland

Foto: feinkorn

**Frau Birkholz, haben Sie Schulden?**
Nur noch ganz wenige. Der Immobilienkredit ist fast abbezahlt.

**Hatten Sie mal welche?**
Ja, einige wenige, etwa zur Überbrückung von größeren Ausgaben, die ich nicht auf einen Schlag zahlen wollte. Aber eigentlich war ich immer eher der Mensch, der Geld verliehen hat. Als Jugendliche habe ich bereits mit 14 Jahren Zeitungen ausgetragen und hatte deshalb meist mehr Geld als andere im Freundes- und Bekanntenkreis.

**Gibt es so etwas wie gute Schulden und schlechte Schulden?**
Schulden sind das Elixier des Kapitalismus und von daher per se erstmal gut. Wenn sich niemand verschulden wollte, könnte auch niemand sparen. Schulden und Forderungen sind zwei Seiten derselben Medaille. Das wird in der deutschen Debatte gerne übersehen. Ganz viele Innovationen wären ohne die Möglichkeit, sich zu verschulden, nie zur Marktreife gelangt. Ganz viel privates Eigentum, etwa Häuser oder Wohnungen, wäre nie entstanden.

**Tanja Birkholz**
absolviert eine Bankausbildung und studiert BWL in St. Gallen und London. Sie macht Karriere in der Finanzwirtschaft, arbeitet etwa für die Commerzbank und die Unternehmensberatung Oliver Wyman. 2020 rückt sie an die Spitze der Schufa in Wiesbaden, die seit 1927 die Kreditwürdigkeit der Deutschen prüft

Aber natürlich kommt es immer darauf an, wofür man sich verschuldet, vor allem aber auf den Grad der Verschuldung. Wenn das rechte Maß verloren geht, wenn aus Verschuldung Überschuldung wird, dann werden aus guten Schulden schlechte. Damit genau das nicht passiert, gibt es die Schufa. Sie ermöglicht nicht nur Geschäfte, sie schützt auch vor Überschuldung.

### Wie verschuldet sind die Deutschen?

Wie gesagt, Schulden sind nichts Schlimmes, wenn man sie zurückbezahlen kann. Und darin sind die Deutschen ganz gut. Fast 98 Prozent der Ratenkredite werden ordnungsgemäß zurückgezahlt – bei einem Gesamtbestand von 17,6 Millionen Ratenkrediten. Dabei beträgt die durchschnittliche Restschuld der bestehenden Ratenkredite 14.093 Euro.

### Wie entstehen eigentlich Schulden?

Das Wort Kredit kommt aus dem Lateinischen, von credere, was so viel wie anvertrauen, glauben heißt. Während Sie dem Nachbarn oder Freund einen Kredit auf der Basis von Vertrauen gewähren, braucht es dafür bei fremden Personen Informationen. Informationen, die etwas über die Fähigkeit aussagen, den Kredit, die Schulden zurückzuzahlen. Durch unsere Informationen schaffen wir dieses Vertrauen, das Kreditbeziehung im Geschäftsleben ermöglicht und so Schulden entstehen lässt.

### Wer gibt der Schufa eigentlich das Recht, in meiner Finanzlage herumzuschnüffeln?

Das tun wir nicht! Wir verarbeiten lediglich Informationen, die benötigt werden, damit Sie sich schnell, unkompliziert und günstig Ihre finanziellen Wünsche erfüllen können. Und gleichzeitig Banken oder Online-Händler vor den Risiken von Zahlungsausfällen geschützt sind, genauso wie Sie vor Überschuldung.

### Wie will die Schufa wissen, ob ich zahlungsfähig und -willig bin?

Ähnlich wie es Ratingagenturen mit Staaten machen, errechnen wir die Wahrscheinlichkeit, dass Sie Ihre Kredite zurückzahlen können. Dazu verwenden wir nur Daten, die zur Einschätzung Ihrer Bonität wichtig sind. Das sind Informationen, die mit einem kreditorischen Risiko verbunden sind. Also Girokonten mit Überziehungsrahmen, Kreditkarten, Ratenkredite, Immobilienkredite, aber auch der Kauf etwa einer Waschmaschine auf Rechnung. Diese Informationen erhalten wir von unseren Vertragspartnern, also Unternehmen wie Banken, Online-Händlern oder auch Leasinganbietern. Darüber hinaus verwenden wir öffentliche Daten – zum Beispiel aus den Amtsgerichten, wenn es zu Zahlungsstörungen oder Insolvenzen kommt.

### Lauern für Frauen besondere Schuldenfallen?

Das können wir aus unserem Datenbestand nicht herauslesen, dazu sind die Gründe für Ver- und Überschuldung zu individuell. Aber Einzelfälle, die uns immer wieder begegnen, sind Frauen, die nach einer Trennung für die Schulden ihrer Partner aufkommen müssen. Auch Alleinerziehende, häufig Frauen, müssen mitunter hohe finanzielle Lasten schultern – was zu Überschuldung führen kann.

### Über Geld spricht man nicht, heißt es. Sollten wir das nicht trotzdem tun, etwa mit Kindern?

Auf jeden Fall. Sprecht mit euren Kindern mehr über Geld! Der Umgang mit Finanzen wird schon früh in der Familie geprägt, muss aber auch viel mehr in den Unterricht mit einfließen. Finanzbildung sollte Pflichtfach werden. Wir engagieren uns stark in der Finanzbildung und werden das auch weiter ausbauen.

### Sollte die Schufa nicht mehr Aufklärung betreiben?

Wir sind mit unterschiedlichen Programmen schon sehr aktiv in der Finanzbildung – gerade für junge Menschen. Auch unsere Transparenzoffensive, in der wir unterschiedliche Instrumente einsetzen,

# »Sprecht mit euren Kindern mehr über Geld! Finanzbildung sollte Pflichtfach werden«

um darzustellen, wie, wann und warum sich der eigene Bonitätswert verändert, wird zur Aufklärung beitragen. Wir wollen aber noch einen Schritt weitergehen. Was können wir konkret für die Menschen tun, bei denen ein erhöhtes Rückzahlungsrisiko besteht? Hier diskutieren wir gerade Projekte, bei denen wir zum Beispiel Schuldnerberater unterstützen, auf Basis der bei uns gespeicherten Daten schnellere und bessere Lösungen für ihre Kundinnen und Kunden zu finden. Wir wollen, dass die Wirtschaft floriert – und je mehr Menschen daran teilhaben können, desto besser für uns alle.

### Wie negativ wäre eigentlich der Schufa-Eintrag der Regierung, die auf Aufgaben wie Corona, Klimawandel und Ukraine-Krieg mit immer neuen Schulden reagiert?

Auch wenn die Staatsverschuldung des Bundes 2021 kräftig gestiegen ist und weiter wächst, käme die Schufa wohl zu ähnlichen Schlüssen wie die großen internationalen Ratingagenturen Standard & Poor's oder Moody's. Sie geben Deutschland immer noch die Bestnote „AAA". Kaum ein Land in der Welt wird so gut bewertet. Warum? Weil es ja nicht auf die Höhe der Staatsschulden in Euro ankommt, sondern auf das Verhältnis der Schulden zur Leistungsfähigkeit der deutschen Volkswirtschaft.

Interview: Peter Turi

# »Man kann nicht zu reich und nicht zu schlank sein«

**Kai Diekmann,** Agenturchef und Fondsbetreiber, bildet sich zu vielem eine Meinung – auch zum Thema Geld. Mit turi2 spricht er über Fehler bei der Geldanlage und den wahren Kern von Geldweisheiten

**Kai, du musst es wissen. Was korrumpiert mehr: Geld oder Macht?**
Als Startup-Gründer ohne Gehalt und eigenen Schreibtisch in unserem Workspace fehlt mir dazu natürlich persönliche Expertise. Aber: Aus der Beobachtung der Geschichte würde ich schätzen, dass mehr Menschen zu Fall gekommen sind, weil sie dachten, sie seien mächtig. Wenige sind gestürzt, weil sie dachten, sie seien reich.

**Wie werde ich Millionär mit Kommunikation?**
Man gründe ein soziales Netzwerk – vor 20 Jahren.

**Wie entsteht denn Geld?**
Aus dem Nichts! Deshalb bezeichnen wir die Entstehung von Geld auch als einen „Schöpfungsakt". Konkret heißt der Terminus: Geldschöpfung! Die Notenbanken können es schöpfen, aber auch jede Geschäftsbank und Sparkasse. Hier empfehle ich einschlägige Literatur.

**Stellen wir uns vor, ich erbe ein hübsches Sümmchen. Wie lege ich eine Million Euro an?**
So wie man auch fünf, zehn oder 100 Millionen anlegen würde: am besten gut, also gut diversifiziert! Wer streut, rutscht nicht aus – das kennt man vom Winter, gilt aber ganz besonders für die eigene Geldanlage. Pauschale Anlageempfehlungen sind dabei selten richtig, denn der Anlagehorizont, die persönliche Erfahrung, die Risikobereitschaft sowie die Verfügbarkeit der Anlage sind individuelle Vorgaben, weshalb es die einzig sinnvolle Anlageempfehlung nicht gibt. Mein Tipp: Hören Sie nicht auf Tipps. Aus leidvoller Erfahrung kann ich berichten: Finger weg von Wirecard-Aktien.

**Wie legst du Geld an?**
In persönliche Unabhängigkeit. Und, natürlich: „Der Zukunftsfonds" ist auch dabei!

**Kai Diekmann**

nervte einst als „Bild"-Zeitung in Person die Reichen und Mächtigen, heute berät er sie als Co-Gründer der Agentur Storymachine bei ihrem Auftritt auf Social Media. Zusammen mit dem Ex-Chef der Dresdner Bank, Leonhard Fischer, startete Diekmann 2018 medienwirksam einen Mischfonds für Anlage-Einsteigerinnen: „Der Zukunftsfonds" erzielt solide Erträge, bleibt aber eher Nischenprodukt

**Was verdient ein Neuling bei deiner Agentur Storymachine?**
Viel mehr als ich seinerzeit als „Bild"-Volontär.

**Was macht mehr Sinn als Geld?**
Steve Jobs hat gesagt: „Es interessiert mich nicht, der reichste Mann am Friedhof zu sein. Was mich interessiert, ist am Abend ins Bett zu gehen und mir zu sagen, dass wir etwas Wundervolles vollbracht haben."

**Was ist das Schönste, das Geld bewirken kann?**
Bei „Ein Herz für Kinder" erlebe ich seit Jahrzehnten, wie schon mit wenig Geld Kindern in Not geholfen werden kann. Etwas Schöneres fällt mir kaum ein. Oder in den Worten von Henry Ford: „Der oberste Zweck des Kapitals ist nicht, mehr Geld zu schaffen, sondern zu bewirken, dass sich das Geld der Verbesserung des Lebens widmet."

**Haben Reiche in diesem Land Image-Probleme?**
Die NGO „Rich Life Matters" muss meiner Meinung nach derzeit noch nicht gegründet werden. Im Ernst: Zu häufig erlebe ich, dass das Streben nach Erfolg in Deutschland negativ konnotiert ist. Viele Menschen sind nur deshalb nicht erfolg-reich, weil sie auf Eltern und Freunde hören, die ebenfalls nicht erfolgreich sind. Wir sollten uns viel mehr für den Erfolg anderer interessieren, um sie als Vorbilder und Ansporn zu begreifen.

**Kann ein Mensch zu viel Geld haben?**
Das mag ein moralphilosophisches Problem darstellen, aber kein reales. Die reichsten Menschen der Welt haben mit ihrem Geld meist Wohlstand oder enormen Fortschritt für viele andere Menschen geschaffen. Man denke nur an Steve Jobs, Bill Gates oder Warren Buffett. Grundsätzlich gilt: Man kann nicht zu reich und nicht zu schlank sein.

**Reality-Check: Welche Aussagen über Geld stimmen? Nummer eins: „Über Geld spricht man nicht."**
In keinem anderen Land der Welt versteht man dieses typisch deutsche Sprichwort. Geldthemen sind bei uns tabu und unbeliebter als ein Zahnarztbesuch. Konsequenz: Wir sind ein Land der finanziellen Analphabeten. Wir sprechen mit unseren Kindern nicht über unser Gehalt und wir bringen ihnen nicht bei, wie man Geld sinnvoll investiert. 76 % des deutschen Geldvermögens liegen auf Sparbüchern, Festgeld-Konten und in Zinspapieren. Das Ganze bei Nullzinsen und hoher Inflation. Die Folge: Geldvernichtung in großem Ausmaß.

**„Geld regiert die Welt."**
Ja klar, weil Geld eine Rechnungseinheit darstellt, die Leistungen miteinander vergleichbar macht und damit einen Wert bemisst. Dadurch lässt sich Wohlstand schaffen und durch Handel auch Frieden. Geld regiert die Welt, weil Geld transparent, fungibel, verfügbar, tauschbar, aufbewahrbar und praktisch ist. Geld ist eine international anerkannte Rechnungseinheit, die Milliarden von Menschen das tägliche Zusammenleben erleichtert.

**„Was nichts kostet, ist nichts wert."**
Die wohl wertvollsten Dinge im Leben sind ohne ein Preisschild zu haben. Egal ob Liebe, Freundschaft, Familie, Zeit für sich et cetera. Glücklich ist nicht derjenige, der reich ist an Geld. Sondern der, der reich an Erlebnissen, Aufgaben, Dankbarkeit und Zufriedenheit ist. Dem Wert eines Produktes oder einer Dienstleistung dagegen kann es nicht schaden, mit dem Preis eine ehrliche Relation zur Qualität herzustellen.

**„Geld verdirbt den Charakter."**
Geld verdirbt nur dann den Charakter, wenn man keinen hat. Geld ist lediglich die Projektionsfläche des eigenen Charakters. Wie unter einem Brennglas zeigen sich beim Fokus aufs Geld die positiven wie negativen Wesenszüge eines Menschen. Zum einen sind erfolgreiche Menschen oft Regelbrecher und werden daher vielleicht als weniger charmant empfunden, zum anderen fördert aber das Streben nach Geld wohl mehr Charakterschwächen zu Tage als der Besitz von Geld.

**„Jeder hat in diesem Land dieselbe Chance, reich zu werden."**
Leider nein. Statistisch gesehen bleiben arme Familien tendenziell arm und reiche tendenziell reich. Vermögen wird über Generationen weitervererbt. Die besten Voraussetzungen dafür, den Aufstieg zu schaffen: Bildung und Gründung. Wer Reichtum anstrebt, sollte als erstes in sein Humankapital investieren und dann eine Firma gründen. Unternehmer schaffen eher einen finanziellen Aufstieg als Arbeitnehmer.

Interview: Peter Turi

## »Viele Menschen sind nur deshalb nicht erfolgreich, weil sie auf Eltern und Freunde hören, die ebenfalls nicht erfolgreich sind«

**Ist ein Job erst dann ein Traumjob, wenn ich ihn auch ohne Gehalt machen würde?**
Als Gedankenspiel hilft dieses Bild vielleicht, herauszufinden wofür mein Herz schlägt. Aber in der Realität leben wir nun mal in einer Welt, die durch Geld am Leben gehalten wird. Wir haben eine lebenslange Beziehung zu Geld. Wenn ich diesen Aspekt dauerhaft ignoriere, schmälere ich den Wert meines Tuns. Und zeige dadurch mangelnde Wertschätzung mir selbst gegenüber.

**Warum reden Menschen ungern über ihr Gehalt?**
In Deutschland ist das Thema Geld ein großes Tabu. Gleichzeitig bewerten wir uns durch unser Gehalt unbewusst selbst – und fühlen uns schlechter, wenn jemand mehr verdient. Bevor man eine unangenehme Reaktion, wie etwa Neid, beim Gegenüber hervorruft, spricht man das Thema lieber gar nicht an. Frauen haben zudem eine vergleichsweise kurze Historie im Umgang mit Geld: Erst 1962 konnten sie ein eigenes Bankkonto eröffnen, noch bis 1977 musste der Ehemann seiner Frau die Erlaubnis zum Arbeiten geben und konnte ihr Arbeitsverhältnis kündigen. Noch heute kriegen Jungs mehr Taschengeld als Mädchen, Geld gilt unterschwellig noch immer als Männersache und Frauen legen zögerlicher an.

**Beim Thema Gehalt übersetzen wir den Wert einer Mitarbeiterin in Geld. Wie kann das funktionieren?**

**Susan J. Moldenhauer** hat mehr als 20 Jahre Erfahrung in der Finanzbranche. Als Geld- und Karriereberaterin hilft sie seit 2009 Führungskräften, Selbstständigen und Angestellten, Potential zu erkennen und weiterzuentwickeln. Speziell für Frauen hat sie 2022 den Gehaltsratgeber „Kenne deinen Wert" veröffentlicht

## »Viele gehen nicht wegen des Geldes. Sondern wegen des Chefs«

**Susan Moldenhauer** hilft als Gehaltscoach, den Marktwert von Menschen zu bestimmen. Sie weiß, warum Frauen oft zu wenig fordern und Förderung wichtiger als Geld sein kann

# »Es bringt nichts, wenn ich bei Gehaltsverhandlungen hoch pokere und dann nach fünf Monaten vor die Tür gesetzt werde«

Da gibt es keine Formel. Der Marktwert eines Menschen setzt sich zusammen aus verschiedenen Komponenten: Natürlich die Qualifikation und der Werdegang. Erfahrungswerte und die Fähigkeit zur Problemlösung. Persönlichkeit, Engagement und die individuellen Soft Skills. Wichtig ist, dass der Mensch aus seinem Lebensweg Schlüsse gezogen hat: Was hat er aus welcher Station mitgenommen, an welcher Hürde ist er gewachsen, wofür steht er? Wenn jemand das vermitteln kann, kann nicht nur er selbst, sondern auch der Arbeitgeber seinen Wert fürs Unternehmen einschätzen.

**Was ist das größte Kapital einer Mitarbeiterin?**
Jede Branche und jede Stelle hat da spezielle Anforderungen. Im Vertrieb sind Kommunikationsfähigkeit und Haltung entscheidend. In einer Führungsposition sind Methodik und die Fähigkeit, Menschen zu motivieren und sie entwickeln zu können, wichtig. In der Forschung ist fachliche Kompetenz und Tiefe gefragt.

**Was entscheidet letztlich über das Gehalt: Kompetenz? Oder nur, wie gut ich mich verkaufe?**
Wer sich gut verkauft, hat eine bessere Chance auf ein höheres Gehalt. Das heißt aber nicht, dass ich zum Schaumschläger

werden soll – sondern, dass ich meinen eigenen Wert richtig einschätze. Es bringt nichts, wenn ich bei der Gehaltsverhandlung hoch pokere und dann nach fünf Monaten vor die Tür gesetzt werde.

**Geht es gerecht zu in Gehaltsverhandlungen?**
Die Statistik sagt: Nein. Stichwort Gender Pay Gap. Frauen machen häufiger Jobs, die niedriger eingewertet werden, zum Beispiel in der Pflege. Da können sie sich ein Bein ausreißen beim Verhandeln – so lange der Arbeitsmarkt und die Gesellschaft das nicht ändern, wird ihr Gehalt nicht steigen. Aber auch im direkten Vergleich werden Frauen für die gleiche Arbeit schlechter bezahlt als Männer. Das liegt an vielen Faktoren.

**An welchen?**
Tief in unseren Köpfen sitzt das Vorurteil, dass Frauen weniger leistungsfähig seien. Dazu kommt: Sie selbst treten oft weniger fordernd, weniger laut auf. Sie arbeiten wie ein fleißiges Lieschen super engagiert vor sich hin und warten darauf, dass Chef oder Chefin ihren Wert erkennen. Während der männliche Kollege sich für jede Leistung brüstet und zweimal im Jahr nach mehr Gehalt fragt. Ich habe eine Studie gelesen, in der Frauen trotz gleicher Qualifikation und Position

ihr Einstiegs-Jahresgehalt im Schnitt um 12.000 Euro niedriger eingeschätzt haben als Männer.

**Wie kann ich mich davon freimachen?**
Ein Erfolgs-Journal hilft, den eigenen Wert zu erkennen: Täglich aufschreiben, was ich erreicht habe, für mich und für das Unternehmen. Dann überlegen: Wofür brenne ich, was reizt mich an meinem Job? Wo könnte unser Unternehmen besser werden, was will ich noch erreichen? Das ist nicht nur hilfreich zur Selbsteinschätzung, sondern auch eine gute Verhandlungsgrundlage beim Thema Gehalt. Als Berufseinsteigerin hilft mir eine gute Gehaltsrecherche und eine fundierte Vorbereitung auf den Bewerbungsprozess. Natürlich gilt all das nicht nur für Frauen.

**Würde es die Gender Pay Gap ausgleichen, wenn mehr Frauen auf Arbeitgeber-Seite verhandeln?**
Selbst Frauen in Führungspositionen schätzen Frauen tendenziell weniger leistungsfähig ein als Männer. Und: Mehr Frauen in einer Branche sind keine automatische Garantie für gerechtere Gehälter. Der Frisörberuf war ganz früher eine reine Männerdomäne. Als mehr Frauen in der Branche gearbeitet haben, gab es eine Verschiebung in der Wertigkeit nach unten. Um-

gekehrt passierte das in der IT: Das war einst eine Frauenbranche, das Programmieren wurde ähnlich wie ein Sekretariatsjob wahrgenommen. Nach dem Zweiten Weltkrieg haben Männer in die Branche gedrängt und die Wertigkeit und die Anforderungen an das Informatikstudium wurden hochgeschraubt. Schaffen es Frauen heute in die IT, verdienen sie noch lange nicht gleichauf. Selbst freie IT-Projektleiterinnen verhandeln im Schnitt geringere Tagessätze als ihre männlichen Kollegen.

**Was ist dein Tipp für Arbeitgeberinnen: Taugt Geld auch als Motivation?**
Bis zu einem gewissen Grad, aber nicht ausschließlich. Wenn ich zu wenig qualifizierte Bewerbungen auf eine Stelle habe, kann ich natürlich über Gehalt Anreize schaffen. Heute sind Vereinbarkeit von Beruf und Privatleben, ein diverses Team, eine gute Kommunikation mindestens genauso wichtig. Und auch die Führungskultur: Viele gehen nicht wegen des Geldes. Sondern wegen des Chefs. Weil sie nicht gesehen und gehört werden, weil man kein Interesse an ihrer Weiterentwicklung zeigt, es keine Fortbildungsmöglichkeiten gibt.

Interview:
Anne-Nikolin Hagemann

# »Junge Menschen wollen vor allem schnell reich werden«

**Simon Schöbel,** Finfluencer, vermittelt Finanzwissen via Social Media. Er glaubt: Anlegerinnern der Generationen Y und Z haben älteren eine „gesunde Naivität" voraus

Foto: PR

**Seit wann findest du das Thema Finanzen spannend?**
Seit ich in meinem ersten Studiensemester einem Vortrag des damaligen ntv-Börsenkorrespondenten Holger Scholze an meiner Hochschule beigewohnt habe. Eigentlich bin ich hingegangen, um kritische Fragen zum Thema Börse zu stellen. Aber der Vortrag war so spannend, dass ich mir ein paar Tage später meine erste Aktie gekauft habe. Mit 19 Jahren war ich damals so alt, wie viele meiner Follower:innen es heute sind.

**Du selbst bist 26 und Student. Wie oft wird dir wegen deines Alters mangelnde Kompetenz als Experte unterstellt?**
Tatsächlich kam das noch nie vor – oder zumindest habe ich es nicht bemerkt. Um das Thema Finanzen zu verstehen, ist ein Studium wie meines an einer renommierten Universität von Vorteil, aber keine Voraussetzung, um einen Expertenstatus zu erreichen. Persönliche Finanzen zu verstehen ist nämlich keine Raketenwissenschaft. Wichtig ist ein vielschichtiges Interesse an der Thematik und eine kontinuierliche Weiterbildung. Vielleicht wird mir aber auch mein Alter nicht negativ ausgelegt, da ich durch verschiedene Formate, wie Interviews mit Finanzprofessoren, längere Erklärvideos,

Kurzvideos und Podcasts auch in verschiedenen Bereichen meinen Expertenstatus aufbauen konnte.

**Was ist jungen Menschen beim Geld wichtig?**
Schnell reich werden. Klingt plakativ, ist aber so.

**Was können sich ältere Anlegerinnen von jüngeren abschauen?**
Eine gesunde Naivität – weil junge Menschen naiver sind, investieren sie auch in spekulativere Anlageklassen. Das kann gefährlich sein, fördert aber auch das Interesse für neue Geschäftsideen und erweitert den Horizont. Solange man das mit wenig Geld macht und den Großteil seiner Investitionen in langfristige Anlageklassen mit „gesundem" Risiko-Rendite-Verhältnis steckt, ist das okay. Im Gegenzug ist diese Naivität aber natürlich auch gefährlich. Vor allem dann, wenn Entscheidung auf einer äußerst spekulativen Basis getroffen werden – und gleichzeitig mit großen Teilen des Gesamtvermögens ins Risiko gegangen wird. Diesen Sicherheitsaspekt managen ältere Anleger im Durchschnitt durch ihre Erfahrung etwas besser.

**Folgt man dir, um reich zu werden?**
Um etwas über das Thema persönliche Finanzen zu lernen und dabei nicht gelangweilt zu werden. Reich zu werden kann da

**Simon Schöbel** studiert BWL im Master an der Uni Mannheim. Als InvestScience liefert er auf YouTube, Instagram und TikTok Finanzwissen für die Generationen Y und Z. Alleine auf TikTok folgen ihm über 230.000 Menschen. Schöbel arbeitet auch mit funk und dem Hessischen Rundfunk

eine Antriebsfeder sein, da meine Inhalte aber nicht darauf ausgelegt sind, wird es wohl eher weniger Menschen geben, die mir primär deswegen folgen.

### Wie viel Entertainment-Potential steckt in der Finanzbranche?

Wenig. Aber Bildungsinhalte innovativ mit Humor zu vermitteln, klappt in fast allen Bereichen. In 90 % meiner TikTok-Videos steht zuerst der Inhalt und der Entertainmentfaktor kommt eher durch spontane Ideen dazu. Auf den anderen Plattformen mache ich auch eher weniger Entertainment und erkläre komplexe Themen auf eine etwas herkömmlichere Art.

### Influencerinnen sind für viele Vorbild und Inspiration. Willst du das als Finfluencer auch sein?

Bei mir geht es weniger um mich als Person, sondern mehr um die Inhalte, die ich präsentiere. Invest-Science versteht sich auch eher als ein Medienangebot auf verschiedenen Plattformen. Es geht nicht um meine eigene persönliche Investitionsstrategie, sondern um empirisch belegte Erkenntnisse aus der Finanzmarktforschung der vergangenen 60 Jahre.

### Welche Rolle spielen dabei dein Aussehen und deine Persönlichkeit?

Wenn man eine Tätigkeit in der Öffentlichkeit nachgeht, bei der man auch sein Gesicht zeigt, ist es nie von Nachteil, wenn man ansehnlich aussieht. Mein Humor und meine Persönlichkeit scheinen in meinem Content durch, spielen aber keine vordergründige Rolle.

### Trägst du mehr Verantwortung als Fitness-Gurus und Models?

Jede Person der Öffentlichkeit trägt eine besondere Verantwortung für ihr Handeln und sollte entsprechend mit ihrer Reichweite umgehen.

### Was unterscheidet seriöse von unseriösen Finfluencerinnen?

Seriöse haben eine relevante Fachkompetenz, sind in der Regel auf verschiedenen Plattformen mit verschiedenen Formaten aktiv. Sie bringen Investitionsmöglichkeiten in einen Kontext und vergleichen Anlageklassen. Denn es gibt nicht die eine perfekte Anlageklasse – aber bei manchen ist das Risiko-Rendite-Potential besser als bei anderen. Sie berufen sich nicht oder zumindest wenig auf eigene Anlageerfolge – die sind nämlich viel zu trügerisch. Sondern auf wissenschaftliche Erkenntnisse. Und sie wählen seriöse Kooperationspartner aus – das ist aber oft für die Follower:innen schwierig zu durchschauen.

### Womit verdienst du Geld?

Mit Videoviews auf den Plattformen, durch Affiliate-Marketing, also Provisionen, wenn jemand zum Beispiel nach meiner Empfehlung ein Konto eröffnet, und Beratungsprojekten für Banken, Finanzdienstleister, Rundfunk. Kooperationen mit etablierten Partnern der Finanzbranche, wie etwa großen Banken, finden auch statt. Aber niemand kann mir vorschreiben, welche Anbieter ich zu empfehlen habe. Ich habe das Projekt erst relativ spät angefangen

zu monetarisieren, als InvestScience schon über 150.000 Follower:innen hatte. Da konnte ich mir meine langfristigen Kooperationspartner gezielt aussuchen. Gezielte Werbung für einzelne Investitionsmöglichkeiten findet bei mir nicht statt.

### Kann man als Finfluencerin reich werden?

Je nachdem, wie man Reichtum definiert. Die meisten verdienen nie Geld mit ihrer Tätigkeit oder können nicht einmal ansatzweise davon leben. Bis ich das erste Mal als Finfluencer etwas Geld verdient habe, hatte ich knapp anderthalb Jahre Videos produziert, unzählige Nachtschichten eingelegt und tausende Euro an technischem Equipment, Tools und Softwares investiert. Seit ein paar Monaten könnte ich von meiner Tätigkeit leben, aber zum Reich-Werden ist es noch ein langer und steiniger Weg.

### Ist dein Job einer mit Zukunft?

Die Zukunftsaussichten in dieser Branche sind sehr gut. Ob ich aber genau die gleiche Tätigkeit noch in drei Jahren mache, würde ich eher anzweifeln. Aber daraus sind schon jetzt einige weitere Projekte entstanden und man lernt jeden Tag dazu. Das ist mit 26 Jahren für mich deutlich spannender, als in einem schon gemachten Nest zu sitzen.

Interview:
Anne-Nikolin Hagemann

**Simon Schöbel** spricht über seinen Job im turi2.de/podcast

### Investment-Tipps nicht nur für Einsteigerinnen

**Breit gestreut – nie bereut.** Investitionen auf verschiedene Anlageklassen verteilen und nicht alles auf eine Karte setzen.

**Overconfidence Bias vermeiden.** Gerade Männer glauben, dass sie erstklassige Anleger sind. Sind sie aber in der Regel nicht, sondern leiden unter einer chronischen Selbstüberschätzung. Man sollte es also lieber mit dem Spruch halten: „Ich weiß, dass ich nichts weiß."

**Beim Investieren ist 2 × 2 niemals 4, sondern 5 Minus 1.** Man muss nur die Nerven haben, das Minus 1 auszuhalten. Dieser Spruch von einem alten Börsenguru besagt, dass man seine Risikotragfähigkeit richtig einschätzen sollte. Leider wissen gerade Anfänger beim Investieren selten, wie hoch – oder besser: wie niedrig – ihre Risikotragfähigkeit ist. Wenn wir zu viel Angst haben, Geld zu verlieren, handeln wir irrational. Daher lieber mit wenig Geld mal das Investieren ausprobieren und in kleinen Schritten rausfinden, wie das Spiel funktioniert.

## »Die meisten Finfluencer können nicht einmal ansatzweise von ihrer Tätigkeit leben«

## Kapitale Fragen an **Karin Rådström***

***Karin Rådström**
ist Mitglied im Vorstand von Daimler Truck

**Der beste Geld-Rat meiner Eltern**
Don't buy lottery tickets.

**Damit habe ich mein erstes Geld verdient**
I worked as a ski instructor for children.

**Meine erste große Anschaffung**
My first car, a 10 years old Nissan Almera for 4.000 Euro.

**Mein kuriosester Aushilfsjob**
I worked in a "Bingo" hall and checked the numbers when people screamed "Bingo".

**Ich könnte mein Geld auch verdienen als**
Truck driver. I have my C+CE drivers license and there is a big lack of truck drivers in Europe.

**Meine beste Investition**
My family.

**Die schlechteste**
My CD collection isn't worth much anymore.

**Die schönste Art Geld auszugeben**
We currently have a terrible situation in the world with many people forced to flee. Therefore, it feels meaningful to help refugees.

**Wichtiger als Geld ist**
That my family is healthy and happy.

## Kapitale Fragen an **Maša Schmidt***

**Der beste Geld-Rat meiner Eltern**
Geraten haben mir meine Eltern nie etwas. Aber vorgelebt: nämlich dass das Glück nicht von Geld abhängt.

**Damit habe ich mein erstes Geld verdient**
Zeitungen austragen, für die Lokalzeitung schreiben und Nachhilfe geben. Eine Schülerin habe ich vom Hauptschulabschluss bis kurz vor das Abitur begleitet. Darauf bin ich immer noch sehr stolz.

**Meine erste große Anschaffung**
Ein MacBook direkt nach dem Abi.

**Ich könnte mein Geld auch verdienen als**
Moderatorin oder Nachrichtensprecherin.

**Mein kuriosester Aushilfsjob**
Während der Uni-Zeit sollte ich mehrere Tage in einem Elektroshop als Apple-Expertin iPods vertreiben. Ich kann an einer Hand abzählen, wie viele Menschen pro Tag in dem Shop waren. Noch nie ging die Zeit so langsam vorbei wie an diesen Tagen.

**Die beste Investition meines Lebens**
Alles, was mit Bildung zu tun hat.

**Die schlechteste**
Zu viele materielle Dinge. Seitdem ich mich mit Minimalismus auseinandergesetzt habe, habe ich hier viel verändert.

**Die schönste Art Geld auszugeben**
Gemeinsam mit anderen. Am liebsten gebe ich Geld für Erlebnisse oder Reisen aus, die ich mit anderen gemeinsam erleben kann oder wenn ich anderen damit eine Freude machen kann.

**Wichtiger als Geld ist**
Gesundheit.

***Maša Schmidt** ist Marketingchefin bei SAP Deutschland

**Friederike von Bünau**
ist Vorstandsvorsitzende des Bundesverbands Deutscher Stiftungen. Seit 2006 führt sie zudem die Geschäfte der Kulturstiftung der Evangelischen Kirche in Hessen und Nassau. Vorher hat sie für die Lufthansa sowie die Deutsche Bank gearbeitet.

**Friederike von Bünau, wer sollte unbedingt über die Gründung einer Stiftung nachdenken?**
Grundsätzlich jede oder jeder, der seinem Vermögen einen anderen Sinnhorizont geben möchte. Stifterinnen und Stifter haben das starke Bedürfnis, die Gesellschaft mitzugestalten und ihr etwas zurückzugeben. Wer diese Motivation verspürt, für den ist eine gemeinnützige Stiftung die richtige Form des Engagements. Selbstverständlich kann man auch mit Spenden viel Gutes tun, aber bei der Errichtung einer Stiftung ist man einem Anliegen viel stärker und über einen langen Zeitraum verbunden.

**Wie reich muss eine Stifterin sein?**
Weniger reich, als die meisten denken. Es ist längst nicht so, dass nur Superreiche stiften. Mehr als ein Drittel der Stiftungen werden mit einem Kapital von unter 100.000 Euro errichtet. Bei etwas weniger als der Hälfte der Neugründungen liegt das Errichtungskapital zwischen 100.000 und einer Million Euro. Somit werden mehr als 80 Prozent der Stiftungen mit

Foto: Jeannette Petri

# »Stiftungen sind Nischenhandwerker«

**Friederike von Bünau,** Vorstandsvorsitzende des Bundesverbandes Deutscher Stiftungen, räumt mit dem Vorurteil auf, dass in Deutschland nur Superreiche stiften

# »Mehr als ein Drittel der Stiftungen werden mit einem Kapital von unter 100.000 Euro errichtet«

weniger als einer Million Euro gegründet, dagegen nur etwa drei Prozent mit mehr als 10 Millionen.

## Und wenn das Geld trotzdem nicht reicht?

Wenn das Vermögen für den gewünschten Zweck nicht ausreicht, gibt es auch die Möglichkeit von Zustiftungen zu bestehenden Stiftungen. Und in Stiftungen wie den Bürgerstiftungen wird gemeinschaftlich gestiftet; nicht nur Geld, auch Zeit und Ideen sind gefragt. Dies ist eine Stiftungsform, die in den letzten zehn Jahren enorm gewachsen ist – mittlerweile gibt es in mehr als 400 Städten Bürgerstiftungen.

## Ist es schwierig, eine Stiftung zu gründen?

Überhaupt nicht. Wenn Sie eine Stiftung gründen wollen, beginnen Sie mit einer Idee. Dann schreiben Sie ein Konzept und planen die Umsetzung. Der Bundesverband Deutscher Stiftungen ist Neugründern mit einer Rechtsberatung behilflich. Auch im weiteren Verlauf der Stiftertätigkeit begleiten wir Mitglieder bei Fragen und Entscheidungen. Wer eine Stiftung errichtet, sollte sich allerdings darüber im Klaren sein, dass er sich in der Regel für immer von seinem Vermögen trennt. Es ist dann nur noch dem Stiftungszweck verpflichtet.

## Wie sieht in Deutschland eine typische Stifterin aus?

Den Prototyp eines Stifters oder einer Stifterin gibt es nicht. Das Tolle am deutschen Stiftungssektor ist ja seine große Heterogenität in Sachen Größe, Rechtsform und Ausrichtung. Ende 2021 gab es in Deutschland 24.650 Stiftungen. Neben den großen, bekannten Stiftungen gibt es auch viele kleine, die in ihrer Kommune vor Ort etwas bewegen. Was man aber sagen kann: Die drei beliebtesten Stiftungszwecke, für die Stifterinnen und Stifter ihr Geld einsetzen, sind Gesellschaft, Bildungsförderung sowie Kunst und Kultur. Das Thema Umwelt, das in jüngster Zeit in unserer Gesellschaft stark an Bedeutung gewonnen hat, steht bei den Stiftungszwecken bislang auf Platz 6, Tendenz steigend.

## Was sind typische Motive, eine Stiftung zu gründen?

Menschen, die Stiftungen gründen, verfolgen meist ein philanthropisches Ziel. Sie wollen Gesellschaft mitgestalten, Verantwortung übernehmen und sich auch über den Tod hinaus für das Gemeinwohl engagieren. Für manche ist es auch eine Möglichkeit, ein Andenken an eine nahestehende Person zu bewahren.

## Eitelkeit und der Wunsch, nach dem Tod eine Spur zu hinterlassen, dürften auch eine Rolle spielen.

Wir brauchen starke

Persönlichkeiten, die sich für gesellschaftliche Belange einsetzen. Wer eine gemeinnützige Stiftung gründet, hat den Willen, etwas Gutes zu bewirken. Dass eine Stiftung auch nach dem eigenen Tod weiterhin den Stiftungszweck unterstützt und ein persönliches Anliegen damit in der Welt bleibt, ist sicherlich für viele ein gutes Gefühl.

## Mit einer Stiftung kann man gut Steuern sparen. Was ist der beste Hebel dafür?

Steuern sparen kann man mit Zuwendungen an eine Stiftung nur, wenn sie als gemeinnützig anerkannt ist. Dafür muss man auf das gestiftete Vermögen aber dauerhaft verzichten und es für das Gemeinwohl einsetzen. Und die Steuerbegünstigung unterliegt strengen Auflagen, die das Finanzamt regelmäßig prüft.

## Wie sähe eine Gesellschaft ohne Stiftungen aus?

Eine Gesellschaft ohne Stiftungen kann ich mir gar nicht vorstellen. Sie leisten wertvolle und unersetzliche Arbeit, vor allem auch in Bereichen, in denen der Staat sich nicht, nicht mehr oder noch nicht engagiert. Stiftungen sind Nischenhandwerker, Agenten der Freiheit. Sie können neue Ideen und Konzepte für Probleme und Herausforderungen ausprobieren und aufgrund ihrer Unabhängigkeit

unterschiedliche Akteure zusammenbringen. Sie repräsentieren einen Teil der Zivilgesellschaft und ermöglichen nachhaltig ehrenamtliches Engagement. Außerdem können sie schnell und flexibel auf veränderte Situationen mit Hilfsangeboten reagieren, so in Zeiten der Pandemie und jetzt zum Krieg in der Ukraine. Nicht zu vergessen sind es oft auch die Stiftungen, die Institutionen wie Alters- und Pflegeheime oder Museen tragen. Das Leben für viele Menschen wäre ohne dieses Engagement ärmer.

## Viele kleine Stiftungen sind dennoch in Not. Woran liegt das?

Kleine Stiftungen stehen insbesondere wegen der seit Jahren niedrigen Zinsen vor großen Herausforderungen. Sie haben einen anderen Zugang zum Kapitalmarkt als große Stiftungen und somit weniger Anlagemöglichkeiten. Wegen der Niedrigzinsphase erwirtschaften sie weniger Erträge als erhofft und haben so weniger Geld zum Ausgeben. Auch die Inflation macht den Stiftungen zu schaffen.

## Für welchen Zweck müsste noch eine Stiftung gegründet werden?

Es gibt tausend gute Gründe, eine Stiftung zu gründen. Aber Initiativen, die junge Künstlerinnen unterstützen, gibt es kaum.

Interview: Henning Kornfeld

# »NFTs erweitern den Kunstmarkt«

**Anna Graf**, Director NFT der Kunst-Plattform misa.art, erklärt, für wen
sich der Handel mit digitaler Kunst lohnt und wie sich der Markt dadurch wandelt

**Anna Graf** ist Krypto- und Kunstexpertin. Bei misa.art arbeitet sie daran, den Kunstmarkt zu demokratisieren und Digitalkünstlerinnen einen leichteren Zugang dazu zu ermöglichen

### Ist Geldvermehrung eine Kunst?

Schön wär's. Wenn Geldvermehrung Teil der Kunst wäre, dann wären viele Künstlerinnen und Künstler reicher. Doch leider fällt es den meisten Künstlerinnen eher schwer, ihr Geld zu vermehren.

### Wenn ein digitales Kunstwerk 69 Millionen Dollar bei Christie's einbringt, dann ist das aber als Hype zu sehen.

NFTs sind mehr als ein Hype. Seit 2017 hält diese Technologie stetig Einzug in verschiedene Lebensbereiche, auch in die Kunst.

### Was bringt mir Kunst, die ich nicht an die Wand hängen kann?

Wenn es mir nur um das Flippen geht, also das schnelle Geldmachen mit NFTs, dann brauche ich das Kunstwerk nicht an der Wand. Aber viele Kunstsammlerinnen und Sammler erfreuen sich an ihrer NFT-Kunst und hängen sich einen Screen an die Wand, um ihr digitales Kunstwerk zu zeigen. Oder sie drucken es aus und lassen es rahmen. Der entscheidende Vorteil von digitaler Kunst aber ist, dass ich weitere Präsentationsflächen habe und mein Kunstwerk mit Freunden im Metaverse teilen kann.

### Wer bestimmt den Wert eines Werks?

Die Käuferschaft – das ist bei digitaler Kunst nicht anders als bei der tradi-
tionellen. Wenn das Werk erst einmal öffentlich ist, entscheidet die Community über die Wertentwicklung, und dabei kommt es ganz stark auf die Akzeptanz der Künstlerin an. Vom amerikanischen Markt kennen wir das schnelle Flippen, kaufen – weiterverkaufen, das mit hohem Risiko verbunden ist. Wenn die Community hinter einem Kunstprojekt steht, kann ein Werk innerhalb weniger Stunden eine Wertsteigerung um den Faktor fünf oder zehn erzielen. Für Einsteigerinnen und wirklich Kunstinteressierte kann die Einschätzung durch eine Galerie hilfreich sein: Ist das ein Upcoming Artist? Was hat die Künstlerin oder der Künstler vorher schon gemacht? Welcher Einstiegspreis ist gerechtfertigt? Kunsthandel ist eine Frage des Vertrauens.

### Die Geschichte der Kunst ist auch die Geschichte von Fälschungen. Wie erkenne ich „echte" NFTs?

Das ist ein großes Problem, denn es kann mitunter einfach sein, Kunstwerke digital zu kopieren, zu minten und anzubieten. Es gibt sich also jemand fälschlich als Schöpferin eines Werkes aus und verdient damit Geld. Um dem entgegenzuwirken, haben wir ein Zertifikat eingeführt: Die Künstlerinnen und Künstler, mit denen wir zusammenarbeiten, müssen sich registrieren und unterschreiben, dass das Werk von ihnen ist.

### Wird Krypto-Kunst mit den Jahren eigene Stil-Epochen prägen? Oder ist das Digitale dafür zu schnelllebig?

Die digitale Kunst wird bereits erforscht. Kunsthistorikerinnen und -historiker durchforsten die Blockchains und schauen, wann die „Epoche" der Collectibles, der Sammelwerke in NFT-Form, begonnen hat, und wann Strömungen wie zum Beispiel Pixel Art oder Trash Art ihren besonderen Move hatten.

### Wer kauft NFT-Kunst?

Für NFT-Kunst interessieren sich traditionelle Kunstsammlerinnen genauso wie Krypto-Natives. Wobei Letztere sich oftmals zuvor gar nicht mit Kunst beschäftigt hatten. Ich selbst bin so ein Fall. Oft sind die Krypto-Natives auch jünger. Für Kunstschaffende ist das gut, denn es erweitert den Markt.

### Wird mit virtueller Kunst mehr spekuliert?

Auch bei der traditionellen Kunst erhofft sich die Käuferin oder der Sammler natürlich eine Wertsteigerung. Aber über einen längeren Zeitraum hinweg. Bei NFTs reden wir von Minuten bis Stunden, in denen der Wert eines Werks geradezu explodieren kann. Das hat nicht zwangsläufig mit der Ästhetik und Qualität eines Werks zu tun. Doch auch hier findet ein Sinneswandel statt, hin zu langfristigen Investments und echten Beziehungen

Fotos: Picture-Alliance, Renate Hanachi

zwischen Sammlerinnen und Künstler.

**Wie grün sind NFTs?**
NFTs verbrauchen Energie, ganz klar. Es gibt mittlerweile Blockchains mit geringerem Energieverbrauch, allerdings sind Sicherheit und Qualität weniger gewährleistet. Meine Empfehlung an Künstlerin und Sammler gleichermaßen ist, sich für eine der genannten Handelsplattformen mit Etherum-Blockchain zu entscheiden. Denn ich möchte ja, dass mein Kunstwerk auch noch in vielen Jahren da ist. Apropos Energiebilanz: Die sieht bei traditioneller Kunst auch nicht rosig aus, wenn man mal alle Faktoren wie Transport, Ausstellungsraum und Besucheranreise einbezieht.

**Worauf muss ich beim Kauf von Kryptokunst achten?**
Wenn ich geprüft habe, wer die Künstlerin ist, also ob es sie wirklich gibt und das Kunstwerk echt ist, dann sollte ich mich danach entscheiden, ob mir das Werk gefällt. Denn selbst wenn dessen Wert auf null geht, kann ich mich persönlich immer noch daran erfreuen. Das ist ein Wert, den mir niemand nehmen kann.

**Sind NFTs eine Option des Vermögensaufbaus, gar der Altersvorsorge?**
NFTs können ein Asset zum Vermögensaufbau sein. Aber nicht nur im Kunstwerk, sondern auch in der Krypto-Währung steckt hohe Volatilität.

Interview: Heike Turi

**NFT-Kunst** nutzt die Krypto-Technologie zur sicheren Ablage eines Kunstwerks auf der Blockchain. Dazu wird ein Kunstwerk digital gespeichert – das kann ein Foto oder die Abbildung eines echten Gemäldes sein oder auch nur der Scan von einem weißen Blatt Papier.

**Minting** heißt der Prozess, bei dem das Werk auf der Blockchain hochgeladen und als Datensatz verschlüsselt wird. Kunstsammlerinnen erwerben einen nicht-fungiblen Token, kurz NFT, also einen nicht austauschbaren, einmaligen Datenschlüssel, der nur der Besitzerin den Zugang zu diesem Objekt gewährt. Der Erwerb des NFTs macht die Käuferin also zur Eigentümerin des Kunstwerks.

**Einstiegspreise** für Kunst-NFTs liegen bei 100 Euro. Die NFTs werden über eine Galerie für digitale Kunst verkauft oder direkt auf virtuellen Marktplätzen gehandelt. Zu den bekanntesten Plattformen zählen Open Sea, Rarible und Super Rare. Sie unterscheiden sich durch die Gebühren fürs Minting, also das Erstellen eines NFTs, sowie die Art der Kryptowährung, mit der bezahlt wird.

# »Erfolg hat seine Zeit, und die ist endlich«

Der frühere „Capital"-Chefredakteur **Ralf-Dieter Brunowsky** erinnert sich an die goldenen Zeiten des Wirtschaftsjournalismus, in denen nebenbei ein Porsche und 100.000 D-Mark Prämie anfielen

**Bruno, du warst Chefredakteur der goldenen Ära von „Capital", von 1991 bis 2001. Was war der goldenste Moment in dieser Zeit?**
Das war, als ich Anfang 2001 vom damaligen Bertelsmann-Chef Thomas Middelhoff und Gruner + Jahr-Chef Gerd Schulte-Hillen die Auszeichnung für die „beste unternehmerische Leistung des Jahres" erhielt, die mit einem sechsstelligen Bonus verbunden war. Belohnt wurde die erfolgreiche Umstellung des Heftes auf zweiwöchiges Erscheinen, bei dem sich der Anzeigenumsatz mit einem Schlag verdoppelte – goldene Momente für „Capital" und für mich. Erstmals verdiente „Capital" mehr als der „stern".

**Was war der Moment, als du gemerkt hast, hier kippt etwas?**
Kurz danach. Ich schrieb eine Kolumne „Crash – nein danke", die sogar vom „Spiegel" zitiert wurde. Da unkten die ersten Blätter von einem drohenden Crash nach der extremen Börsen-Rallye der Jahre zuvor. Und ich ahnte, dass unser stark von der Börse getriebener Erfolg in Gefahr war. Da half auch kein Dagegen-Anschreiben – soweit ging der Einfluss von „Capital" dann doch nicht. Allerdings: Noch im März 2001 war unsere Titelgeschichte „Die Perlen des Neuen Marktes" das meistverkaufte Heft aller Zeiten: Wir verkauften am Kiosk 130.000 Hefte plus 200.000 Abos. Allerdings folgte kurz darauf der Absturz des Neuen Marktes und viele Anleger verloren ihr Vertrauen in die Tipps von Wirtschaftsmagazinen.

**„Capital" hat in deiner Zeit Hunderte Anlage-Tipps gegeben. Was war der beste?**
Ich war nie der oberste Tipp-Geber des Magazins, mein journalistischer Werdegang war eher politisch. Bei den Anlage-Tipps musste ich mich auf unser Geld-Redakteure verlassen, allerdings darauf achten, dass sich Redakteure nicht bereicherten. Motto: Ich kaufe mir die Aktie in einem engen Markt und gebe dann den Tipp für die „Capital"-Leser, die Aktie steigt und der Gewinn wird mitgenommen. Diese Gefahr bestand immer.

**Was war der schlechteste?**
Das war eindeutig die Telekom-Aktie – leider. Auch wenn wir da nur indirekt als Tippgeber auftraten. Bevor die Telekom 1996 an die Börse ging, hatte ich mit dem damaligen Kommunikationschef Jürgen Kindervater einen höchst profitablen Deal vereinbart: Wir produzierten ein Sonderheft „Aktien für Einsteiger", von dem uns die Telekom 500.000 Hefte abnahm und zugleich mehrere von etwa 20 Anzeigen schaltete. Dass sich die Hoffnungen in die Aktie nicht bewahrheiteten, ist bekannt.

**Hast du eure Tipps befolgt?**
An der Börse habe ich in dieser Zeit mit Porsche-Aktien viel Geld verdient und mir davon einen Porsche Boxster gekauft. Den habe ich auch behalten, als ich nach dem Crash das ganze Geld wieder verlor.

**Was rätst du der Jugend? Wie soll sie investieren und Vorsorge betreiben?**
Man kann nicht früh genug anfangen. Wie man spart, hängt davon ab, wie lange man das Ersparte nicht antasten muss. Wer z.B. 10.000 Euro nach wenigen Jahren braucht, sollte sie trotz Inflation auf dem Girokonto lassen. Wer monatlich 200 Euro sparen will, kann ein Sparplan-Angebot nutzen. Wer einen größeren Betrag erbt, sollte das Geld in einem globalen Aktienkorb auf 15 bis 20 Jahre anlegen und mit den Dividenden Aktien zukaufen. Über so einen langen Zeitraum sind selbst inklusive zwischenzeitlicher Crashes jährliche Renditen von sechs bis acht Prozent wahrscheinlich. Wichtig ist die Streuung: Verschiedene Branchen und Länder, große Unternehmen und vielleicht ein paar spekulative Aktien. 50 Aktien sollten es sein – keine mit mehr als 2 Prozent Anteil im Depot.

**Welchen Lebens-Rat gibst du der turi2-Community mit Blick auf 73 Jahre gelebtes Leben?**
Bin ich schon 73? Ich kann es kaum glauben. Mein Rat: Das Leben ist ein ständiges Auf und Ab. Euphorie wechselt sich ab mit Ernüchterung, Gesundheit mit Krankheit, Erfolg mit Niederlage. Ich halte es mit dem Arboreus-Prinzip, das meine Lebensgefährtin in ihrem gleichnamigen Buch beschrieben hat: Leben bedeutet, immer einen Weg zu finden. Nach Überwindung einer schweren Krankheit weiß ich, dass das seine Richtigkeit hat.

**Ralf-Dieter Brunowsky**
1949 in Bremen geboren, Diplom-Volkswirt, führt den Verband der Berliner Milch- und Lebensmittelkaufleute, bevor er 1979 bei der „Berliner Morgenpost" volontiert. Über „Wirtschaftswoche" und „Impulse" kommt er zu „Capital", wo er von 1991 bis 2001 als Chefredakteur wirkt. Brunowsky, den Freundinnen und Kolleginnen „Bruno" nennen, betreibt in Mainz die Kommunikationsberatung BrunoMedia

Foto: privat

Interview: Peter Turi

# Die neue Apotheken Umschau

Jetzt noch besser und mit noch mehr Gesundheits-Content

## Mehr, mehr, mehr

Die neue *Apotheken Umschau* steht für ein **deutliches Plus an Inhalten:** Mehr Sofort-Tipps für die Gesundheit, mehr Wissenschaft und Forschung, mehr Vorbeugung und Vorsorge. In der **neuen Rubrik „Keine Tabus"** werden Gesundheitsfragen aufgegriffen, die sich viele Apothekenkundinnen und -kunden nicht zu stellen trauen.

## Aktion Re-Design

Erfolgreiche Magazine müssen sich den **veränderten Lesegewohnheiten** anpassen. Das **neue, lesefreundliche Seitenlayout** führt klar durch die Themen und gibt Bild, Grafik und Text den nötigen Raum. Die **neue Magazinstruktur** bietet eine schnellere Orientierung über die Inhalte. Die Optik ist modern, klar, aufgeräumt und positiv.

## Digitale Verknüpfung

Am Ende eines jeden Artikels findet sich ein QR-Code. Damit wird das genutzte Quellenmaterial offengelegt und auf weiterführende Inhalte verlinkt, um **noch tiefere Insights** zu den jeweiligen Themen zu geben.

Nutzen Sie den Innovationsschub der *Apotheken Umschau* für Ihre erfolgreiche Kommunikation! Hier finden Sie alle Infos: wub-media.de

# 10 Filme und Serien

die gute Geldgeschichten erzählen

**The Big Short**
Regisseur Adam McKay zieht ohne Monster-Budget Hollywoods männliche Elite für seine Finanzkrisen-Farce an Land. Ryan Gosling, Steve Carrell, Christian Bale und Brad Pitt illustrieren mit bitterer Komik die Absurdität der Immobilienblase. Ein gelungenes Erklär-Stück mit außerordentlichem Biss.

USA 2015

**Master of the Universe**
Der ehemalige Investmentbanker Rainer Voss bietet aus einem leeren Frankfurter Bankgebäude Einblick in die Arbeitskultur der Finanzwelt. Als alleiniger Protagonist schildert er in dem Dokumentarfilm seine Sicht auf den Weg der Branche vom Ende der 80er bis zur Krise in den 2000ern.

Österreich, Deutschland 2013

**Der Clou**
Als Rache für einen getöteten Freund ziehen Robert Redford und Paul Newman als galante Ganoven einen Mafia-Boss über den Tisch. Der clevere Plot und jede Menge Style erschaffen einen Höhepunkt des Gaunerfilm-Genres. Geld wechselt eben nicht immer einvernehmlich den Besitzer.

USA 1973

**Haus des Geldes**
Ein kriminelles Genie inszeniert mit seinem Team eine Geiselnahme in einer Banknotendruckerei. Seine milliardenschwere Beute will er dort selbst erschaffen. Zwischen Subversion und bereitwilliger Umarmung von Klischees begeistert die spanische Serie in fünf Staffeln Fans auf der ganzen Welt.

Spanien 2017-2021

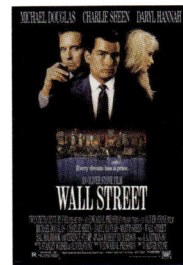

**Wall Street**
Börsenmakler Bud Fox wird mit Insider-Infos zum Liebling von Finanz-Hai Gordon Gekko. Als Gekko die Airline, bei der Fox' Vater Gewerkschafter ist, zerschlagen will, kommt es zum Bruch. Oliver Stone lässt sein Publikum trotz Hollywood-Plot echte Börsen-Luft schnuppern und beschert Michael Douglas einen Oscar.

USA 1987

**Moderne Zeiten**
Geld kann auch durch seine Abwesenheit prägend sein. Charlie Chaplins Kunstfigur, der notorisch verarmte „Tramp", wird Teil der Maschine, die er bedient, und später gar selbst wie ein Automat behandelt. Der Klassiker entlarvt das Konzept „Humankapital" und fordert die Lachmuskeln seines Publikums.

USA 1936

**Die Fälscher**
Der Holocaust-Überlebende Adolf Burger war im Konzentrationslager Sachsenhausen an der größten Geldfälschungsaktion der Nazis beteiligt. Auf Basis seiner Erinnerungen inszeniert Stefan Ruzowitzky einen Oscar-prämierten Film, der das Gewissen seiner Hauptfiguren ins Zentrum rückt.

Österreich, Deutschland 2007

**Money Monster**
Ein Kleinanleger, der seine Ersparnisse in einem Aktien-Crash verloren hat, nimmt den Moderator einer Börsensendung vor laufender Kamera als Geisel. Regisseurin Jodie Foster sinniert in diesem Film über skrupellose Finanz-Mogule und die Rolle der Medien auf der Jagd nach dem großen Geld.

USA 2016

**Morgen hör ich auf**
Ein Druckereibesitzer fälscht aus Verzweiflung Geld. Die Frankfurter Unterwelt wird dadurch auf ihn aufmerksam, auch seine Familie gerät in Gefahr. Mit ihren „Breaking Bad"-Anleihen geht die Serie offensiv um, der Charme von Protagonist Bastian Pastewka ist indes ein Alleinstellungsmerkmal.

Deutschland 2016

**Ein unmoralisches Angebot**
Milliardär John Gage bietet eine Million Dollar für eine Nacht mit der verheirateten Diana. Sie und ihr Mann willigen ein, doch die Beziehung zerbricht zunächst daran. Ein Film, der die Geister scheidet, mit den Grenzen monetärer Macht spielt und selbst ordentlich Kasse gemacht hat.

USA 1993

# »Weil man nicht laut sein muss, wenn man Argumente hat.«

**Elisabeth Raether**
Ressortleiterin
Politik bei der ZEIT
& WOCHENMARKT-
Kolumnistin

# Kapitale Fragen an **Ralf Gierig***

***Ralf Gierig** ist Finanzvorstand von ProSiebenSat.1

**Der beste Geld-Rat meiner Eltern**
Einnahmen sollten die Ausgaben decken. Das beherzige ich natürlich seither konsequent.

**Damit habe ich mein erstes Geld verdient**
Während der Schulzeit habe ich als Nachhilfelehrer mein Taschengeld aufgebessert. Vorzugsweise in Deutsch.

**Meine erste große Anschaffung**
Mit meinem selbst verdienten Geld habe ich mir als Schüler ein Rennrad gekauft und damit das Münsterland erkundet.

**Ich könnte mein Geld auch verdienen als**
Ich würde auch als Autoverkäufer einen guten Job machen – das nötige Fachwissen habe ich.

**Die beste Investition meines Lebens**
Die Erziehung unserer Kinder. Ich denke, wir haben ihnen alles mitgegeben, was man für ein glückliches und erfolgreiches Leben braucht.

**Die schlechteste**
Ein paar Aktienflops – aber natürlich nicht die unseres Unternehmens.

**Mein kuriosester Aushilfsjob**
Kartoffelsackpacker als Ferienjob – das habe ich aber nur einmal für ein paar Wochen gemacht. Körperlich extremst anstrengend. Tiefbau habe ich mehrmals gemacht, das hat mir dann doch mehr zugesagt.

**Die schönste Art Geld auszugeben**
In den Urlaub zu fahren.

**Wichtiger als Geld ist**
Gesundheit und Familie stehen an erster Stelle.

# Kapitale Fragen an **Christiane Schulz***

***Christiane Schulz** ist CEO der Agentur Edelman in Deutschland

**Der beste Geld-Rat meiner Eltern**
„Schaffe, schaffe, Häusle bauen."

**Damit habe ich mein erstes Geld verdient**
Ich habe das „Laatzener Wochenblatt" in einem 6.000-Einwohner:innen-Dorf verteilt. Es war hart erarbeitetes Geld und ich wusste genau, wo im Dorf ein Hund wohnt, der einen Briefkasten bewacht.

**Meine erste große Anschaffung**
Mit 18 habe ich mir einen 35 Jahre alten VW Käfer gekauft.

**Mein kuriosester Aushilfsjob**
Als Studentin habe ich nach der Wende Adressdaten für einen Verlag für Probeabos erfasst. Leider passten die ungewöhnlichen Straßennamen der ehemaligen DDR, wie etwa die „Strasse des Kosmonauten", häufig nicht in die Computerfelder. Noch kurioser war, dass wir nach Gesamtgewicht der Postkarten bezahlt wurden.

**Ich könnte mein Geld auch verdienen als**
Ich habe viele Talente, es wäre einfacher zu sagen, womit ich nicht mein Geld verdienen könnte – mit Kochen zum Beispiel. Ansonsten wäre ich auch erfolgreiche Agenturberaterin oder erfolgreicher Systemischer Coach.

**Die beste Investition meines Lebens**
Waren immer die in meine Aus- und Fortbildung.

**Die schlechteste**
Das waren Partneranteile einer Agentur, für die ich vor sehr langer Zeit mal gearbeitet habe. Da bin ich leider zum falschen Zeitpunkt ein- und dann später ausgestiegen.

**Die schönste Art, Geld auszugeben**
Geschenke für andere zu kaufen, um ihnen eine Freude zu machen.

**Wichtiger als Geld ist**
Glücklich zu sein!

# DAIMLER TRUCK

# Unsere Kunden bewegen die Welt.

Sie sorgen dafür, dass Waren und Menschen an ihr Ziel gelangen, dass unser Alltag funktioniert und Wohlstand entsteht. Studien zeigen, dass der Wunsch nach Mobilität und Transport weiter zunehmen wird. Die Produkte und Services unserer Kunden werden morgen noch mehr gebraucht als gestern und heute.

Der Antrieb für uns bei Daimler Truck ist es, sie in ihrer Arbeit bestmöglich zu unterstützen. Wir entwickeln die richtigen Fahrzeuge und Services für sie. Wir sind für unsere Kunden da – für alle, die die Welt bewegen. Das ist unsere Aufgabe und unser Antrieb – und das vereint uns weltweit über Sparten und Marken hinweg.

Als eigenständiges Unternehmen wollen wir uns voll und ganz darauf konzentrieren, zwei Ambitionen in die Tat umzusetzen: Erstens wollen wir die Transformation unserer Branche aktiv gestalten. Zweitens wollen wir unser Ertragspotenzial voll ausschöpfen.

Beides ist der Schlüssel zu unserem Erfolg von morgen – und gleichzeitig unser Versprechen gegenüber unseren Kunden, Eigentümerinnen und Eigentümern und der Gesellschaft.

Mehr unter: daimlertruck.com/unternehmen

# »Du kannst gar nicht genug Geld haben. Geld kann großartige Sachen bewirken«

Verena Pausder ist bekannt als Gründerin, Investorin und Aktivistin für Frauenrechte. Mit turi2 spricht sie ungewöhnlich offen über Geld, Arbeit und Politik

Von Peter Turi (Text) und Holger Talinski (Fotos)

**Verena, lass uns zuerst über Geld reden. Wieviel Geld hast du und wofür setzt du es ein?**

Ich habe definitiv mehr Geld, als ich brauche. Und trotzdem habe ich einen ungebrochenen Ehrgeiz, noch mehr zu verdienen. Weil ich mit Geld großartige Sachen bewirken kann. Geld bringt Sachen, die mir wichtig sind, voran. Ich denke immer: Welche Initiative kannst du anschieben? In welche Gründerin kannst du investieren? Welches gesellschaftspolitische Thema kannst du mit voranbringen? Da kannst du gar nicht genug Geld haben.

**Was kann Geld Gutes bewirken?**

Ich persönlich investiere mit großer Leidenschaft in Gründer und Gründerinnen. Ob die ihre Innovations-Ideen umsetzen können, hängt letztlich oft am Geld. Bildung, Klimaschutz, Food Tech – es gibt so viel zu tun. Wenn jemand an einem Produkt für digitale Bildung arbeitet oder an Ersatz fürs Hühnerei, dann bin ich mit Geld und Herzblut dabei. Ich spende aber auch an Organisationen wie Startup Teens, Ashoka oder Hawar.help.

**Dein bestes Investment?**

Das in TransferWise, heute Wise. Die Firma ist so eine Art digitales Western Union für internationale Geldtransfers. Da bin ich – untypisch für mich – ziemlich spät eingestiegen, als sie schon 700 Millionen Euro wert waren. Aber vier Jahre später sind sie für 9 Milliarden Euro an die Börse gegangen. Das heißt: Aus meinen 60.000 Euro sind 600.000 Euro geworden. Das ist das berühmte 10X, das jeder Investor anstrebt und das so selten klappt. Bei Flaschenpost und Kitchen Stories bin ich an die Verzehnfachung meines Einsatzes auch herangekommen. Da habe ich früh investiert und dann ist es natürlich leichter, einen solchen Hebel zu schaffen. Aber das sind 3 von 40 Investments.

**Was war dein schlechtestes Investment?**

Leider Oatly, die Produzenten von Hafermilch aus Schweden. Ich habe investiert nach dem Motto „Put your money where your mouth is", verwende die Produkte selbst und bin überzeugt davon, dass sie die Welt besser machen, weil sie frei von Milch und Sojaeiweiß sind. Ich dachte: Was für ein super Unternehmen. Ich habe mich so auf den Börsengang gefreut. Und jetzt der Absturz, ich habe über 80 Prozent meines Geldes verloren.

**Was hast du falsch gemacht?**

Ich habe drei Faktoren unterschätzt: Oatly hat viele Wettbewerber bekommen, sie haben durch Corona und den Krieg in der Ukraine Probleme mit den Lieferketten – und sie haben Blackstone als Investor ins Boot geholt. Das widerspricht allem, wofür diese Marke stand. Und dafür ist das Unternehmen abgestraft worden. Besonders schmerzlich, da ich die Produkte täglich nutze und so meinen Misserfolg stets vor Augen habe. Ich bleibe aber positiv und hoffe, dass der Wind sich nochmal dreht.

**Hast du bei deinen 40 Investments auch schon einen Totalverlust erlitten?**

Offiziell noch keinen. Aber mein Bauchgefühl sagt mir, dass einige meiner Firmen nichts werden könnten. Bis ein Startup wirklich kein Geld mehr hat und Insolvenz anmelden muss, dauert es eine Weile. Ich denke, von meinen 40 direkten Investments in Startups werde ich vermutlich zehn irgendwann abschreiben müssen. Bei zehn weiteren bekomme ich vielleicht mit Ach und Krach mein Geld zurück, zehn bringen eine gute Rendite und zehn bringen richtig Geld.

**Das wäre dann guter Durchschnitt?**

Verglichen mit den Geldanlagen der Deutschen insgesamt bin ich sicher über dem Durchschnitt. Denn in Startups investieren nur wenige Leute. Die meisten sagen: Das ist mir zu riskant und ich habe auch keinen Zugang zu der Szene. Verglichen mit anderen Business-Angels bin ich wahrscheinlich im guten Mittelfeld. Genau weiß ich es aber nicht, denn es kann ja noch was Großes passieren. Zum Beispiel bei meiner Beteiligung Fuel, das ist eine Art Shopify für NFTs. Oder bei Perfeggt, die machen ein veganes Ei-Ersatzprodukt und haben meines Erachtens das Potential, das europäische Beyond Meat zu werden.

**Was ist deine größte Hoffnung im Portfolio?**

Vielleicht Bling. Da habe ich in einen 20-jährigen Gründer investiert, der mit Bling eine Kreditkarte und eine Banking-App für Kinder gestartet hat. Und zwar nicht einfach ein weiteres Online-Depot, sondern mit viel Education rund um das Thema, mit der Möglichkeit für Kinder, ihre ersten Investments zu tätigen.

**Ist Geld noch ein knappes Gut in deinem Business – oder musst du dich als Investorin bei den guten Startups bewerben?**

Die Investoren bewerben sich bei den guten Gründern und Gründerinnen, gerade die erste frühe Finanzierung, die sogenannte Seed-Runde, ist von der Kapitalseite her oft überlaufen. Wenn in der Spätphase Startups 40 oder 50 Millionen Euro brauchen, dann wird die ▶

**»Ich muss klarmachen: Was ist mein Wert jenseits von Geld«**

**Verena Pausder**
Geb. 1979 in Hamburg
1998 Studium Wirtschaft in St. Gallen
2002 Münchner Rück, danach u.a. Be2, Young Internet
2012 Gründung Fox & Sheeps
2016 Haba Digitalwerkstatt
2017 Gründung Digitale Bildung für Alle e.V.
2020 Initiative #stayonboard für Elternzeit auch für Führungskräfte

Balanced Life: Labrador-Hündin Amy entspannt, während Verena Pausder arbeitet. Zu Pausders Patchwork-Familie gehören noch Ehemann Philipp, drei Söhne und eine Tochter

Luft dünner. Aber die Investments in Startups sind in Deutschland 2021 gegenüber 2020 von 5,3 Milliarden Euro Venture Capital auf 17,3 Milliarden gesprungen. Von diesen Dimensionen hätte vor fünf Jahren niemand zu träumen gewagt. Das liegt vor allem an Corona und den damit einhergehenden Zoom-Calls. Um Geld aus dem Silicon Valley zu bekommen, müssen Gründer jetzt nicht mehr in Palo Alto vorsprechen, sie können sich von der Torstraße in Berlin aus einwählen.

**Wie punktest du gegen die größer gewordene Konkurrenz?**
Die Basis ist ein gutes Netzwerk: Einerseits bringen mich andere Business-Angels bei interessanten Startups ins Spiel, andererseits kann ich weitere Investoren mitbringen. Ich muss als Investor immer klarmachen: Was ist mein Wert jenseits von Geld? Das Geld ist am Ende total austauschbar. Aber nicht, was ich an Erfahrungen, vielleicht auch an Strahlkraft, an Netzwerk, an Sparringspartnern für die Gründer mitbringe. Ich investiere ja zu 90 Prozent in Bereichen, wo ich selbst Expertise habe.

**Mit wieviel Geld steigst du ein?**
Inzwischen mache ich fast nichts mehr unter 50.000 Euro pro Investment, mein Maximum sind 100.000 Euro. Das war mal viel weniger, früher konntest du mit 5.000 oder 10.000 Euro reingehen – das ist vorbei.

**Du bist von der Gründerin die Investoren-Szene**

gewechselt. Kann es einen Weg zurück geben?
Das kann schon morgen passieren. Als Business-Angel bist du eigentlich die ganze Zeit dabei, Geschäftsmodelle, Märkte und Trends zu checken. Du überlegst: Gibt es das schon? Braucht es das? Da läufst du natürlich ständig Gefahr zu sagen: Okay, das mach ich jetzt selber. Food Tech interessiert mich sehr, denn die Frage, wie wir zehn Milliarden Menschen so ernähren, dass wir die Erde nicht zerstören, ist essentiell.

**Welchen Geld-Rat gibst du deinen Kindern?**
Der Vierjährigen gebe ich aktuell noch keinen Rat. Die Jungs sind neun, zwölf und vierzehn. Da habe ich einen klaren Rat: Gebt euer Geld nicht nur aus, legt es auch an. Weltspartage mit Sparschwein und acht Prozent Zinsen sind natürlich vorbei. Ich frage die Jungs: Bei welchen Unternehmen gebt ihr viel Geld aus? Amazon? Zalando? Okay, wäre doch cool, wenn ihr euer Geld da nicht nur ausgebt, sondern auch beteiligt seid. So hat jedes Kind über die Zeit drei oder vier verschiedene Aktien gekauft und versteht jetzt, dass es mit jedem Einkauf hoffentlich auch etwas zurückbekommt.

**Was hat Corona verändert an deiner Arbeit als Working Mum?**
Flexibilität ist jetzt Mainstream, Home-Office the new normal. Corona hat einen unglaublichen Boost in die Kommunikationstechnik gebracht. Auch als Working Dad kannst du heute bei einer Beiratssitzung problemlos sagen: Ich schalte mich digital zu.

# »Okay, Kinder, wäre doch cool, wenn ihr bei Amazon und Zalando auch beteiligt seid«

Das ging früher gar nicht, da gab's die familienfeindlichen Gegenargumente: Erstens ist das vertraulich, zweitens kriegst du Geld dafür und drittens treffen wir uns immer hier.

**Und viertens gehen wir hinterher noch einen trinken.**
Jetzt kannst du ohne Probleme sagen: Ich bin digital dabei. Es ist fluide geworden, wie du dich um deine Kinder kümmerst und von wo aus du arbeitest. Der schönste Moment, fast schon retro, ist für mich, wenn meine Kinder aus der Schule kommen – und ich bin da. Zoom und Co haben die Startup-Branche deutlich verändert: Silicon-Valley-Firmen investieren vermehrt in Berlin, es entstehen ganze Firmen, die rein digital vernetzt und virtuell zusammenarbeiten. Projektarbeit wird zum Standard, Workation als Mischung aus Arbeit und Urlaub an einem Sehnsuchtsort möglich.

**Siehst du auch Gefahren?**
Wir müssen aufpassen, dass wir eine neue Art der Firmen-Kultur hinbekommen, die für Zusammenhalt sorgt, jenseits der Teeküche. Ich sehe auch eine wachsende Zweiteilung der Gesellschaft in

Wissensarbeiter einerseits und Handwerker und Dienstleister andererseits. Die einen hängen relaxed auf Bali ab, die anderen bauen Solarpanels aufs Dach und pflegen die Alten. Das macht mir schon Sorge.

**Was hat Corona mit unserem Bildungssystem gemacht?**
Corona war definitiv die größte flächendeckende Fortbildungsmaßnahme, die unser Bildungssystem je erfahren hat. Vor Corona hat sich kaum jemand in der Eltern- und Lehrerschaft mit digitaler Bildung beschäftigt. Lehrer hatten keine E-Mail-Adressen, Schulen kein schnelles Internet, kaum digitale Geräte. Und viele haben gefragt: Brauchen wir digitale Bildung überhaupt oder können wir nicht einfach weitermachen wie bisher? Was jetzt in den beiden Corona-Jahren passiert ist, war zwar keine digitale Bildung, sondern analoger Unterricht über digitale Kanäle. Aber wir haben diese digitalen Kanäle jetzt zumindest mal ausprobiert, Passwörter und E-Mail-Adressen vergeben und Schul-Server eingerichtet. Es ist meine große Hoffnung, dass wir auf diesem erweiterten Fundament aufsetzen und in Richtung digitale Bildung durchstarten können.

**Was bedeutet das konkret im Schulalltag?**
Zur digitalen Bildung gehört, dass ich Fake News von echten News zu unterscheiden lerne, dass ich Quellen verifizieren kann, dass ich weiß, wie ich im Netz recherchiere. Ich muss als Schülerin unterscheiden können: Was ist ▶

Meinung, was ist Fakt bei YouTube? Wir sollten ein Rezo-Video analysieren statt eines Zeitungsartikels. Zeitungen kommen in der Realität der Kinder doch gar nicht mehr vor. Wir brauchen einen massiven Schub in Sachen Digitalmedien-Kompetenz. Sonst bricht unsere Demokratie schneller auseinander, als wir gucken können.

**Was muss noch passieren?**
Wir müssen fragen: Wie wird die Jugend Gestalter der digitalen Welt statt nur Konsument? Welche kreativen Tools können die Kids lernen? Programmieren, Animationsfilme, Schnitt, digitale Musik. Alles, was irgendwie Gestalten und Kreieren ist in dieser Welt. Und nicht, um Creator oder Influencer zu werden, sondern um die Jobs von morgen machen zu können. Wenn die Kinder aus einer analogen Schulwelt in die total digitale Arbeitswelt kommen, dann nehmen wir ihnen die Zukunft.

**Ermöglicht digitale Bildung Kindern eine bessere Arbeit und ein besseres Leben – auch wenn sie nicht von zu Hause dafür vorbereitet sind?**

# »Wir brauchen viel mehr Digitalmedien-Kompetenz. Sonst bricht unsere Demokratie auseinander«

Auf jeden Fall. Die Schere in Sachen Bildung ging schon vor der Digitalisierung weit auf. Lange lautete das Versprechen: Wenn digitale Bildung kommt, wird alles besser, weil eine Software viel billiger ist als ein Buch. Das stimmt leider nicht. Kinder, deren Eltern sich nicht viel kümmern können, verdaddeln digital ihre Zeit, während die anderen zum Programmier-Unterricht gefahren werden. Genau deswegen muss digitale Bildung in die Schulen, damit alle die Kompetenzen für morgen kriegen. Damit jeder und jede, egal welcher Herkunft, Programmiererin oder Data Scientist werden kann. Alle Talentierten müssen solche Aufstiegschancen haben

– nicht nur die, die privilegiert aufgewachsen sind. Es ist die klassische Rolle der Schule, vor allem der Grundschule, ein Mindestmaß an Chancengerechtigkeit herzustellen.

**Wenn wir von Arbeit sprechen: Was ist derzeit dein wichtigstes Projekt?**
Der Hund, die Kinder und mein Mann sind meine größten Herzensprojekte. Sehr wichtig ist mir im Moment Edu-Cloud.org, wo ich seit zwei Jahren versuche, mehr Transparenz für digitale Bildungsangebote herzustellen. Lehrkräfte und Schulleitungen müssen passgenau filtern können, nach dem Motto: Was ist geeignet fürs Fach Geographie vierte Klasse Grundschule im Saarland oder in Bayern? Weil nichts vorangegangen ist, haben wir das mit dem Verein Digitale Bildung für alle selbst aufgesetzt. Als Non-Profit-Projekt will Edu-Cloud.org helfen, auf jedem Tablet und jedem Laptop in der Schule den Einstieg zu erleichtern. Dann kann die Lehrkraft sagen: Ich habe jetzt Sachkunde vierte Klasse, ich möchte heute das und das machen – welches digitale Tool kann mir da jetzt helfen?

**Was denkst du: Haben wir zu viel Ungleichheit?**
Ich glaube nicht daran, dass alle Menschen gleich sind. Ich glaube auch nicht, dass es ein gerechtes System wäre, wenn am Ende alle am gleichen Punkt angekommen sind. Aber prinzipiell sollte erst mal jede und jeder alles werden können. Ich glaube, dass wir, denen es gut geht, nicht unser gesamtes Leben darauf verwenden sollten, unseren persönlichen Wohlstand zu maximieren und unsere Kinder sanft zu betten. Wir müssen gucken, welche Hebel wir einsetzen können, um Missstände zu ändern. Gerade weil ich so privilegiert bin, habe ich extra Energie, extra Mittel, um hoffentlich was zu verändern.

**Was würdest du sofort ändern, wenn du es könntest?**
Ich würde ein Tempolimit einführen und sagen: Sorry, dass du jetzt nicht mehr so schnell rasen kannst, aber die Klimawende ist wichtiger! Und dann würde ich die nGmbH einführen, also die nachhaltige GmbH, so wie es die gGmbH gibt, die gemeinnützige GmbH. Eine nGmbH signalisiert, ▶

„DER 12. MANN.“

Rund 60 Millionen Menschen nutzen hierzulande täglich ein Smartphone.

**Jede*r Zwölfte davon hat die kicker-App.**

Quellen: statista/kicker

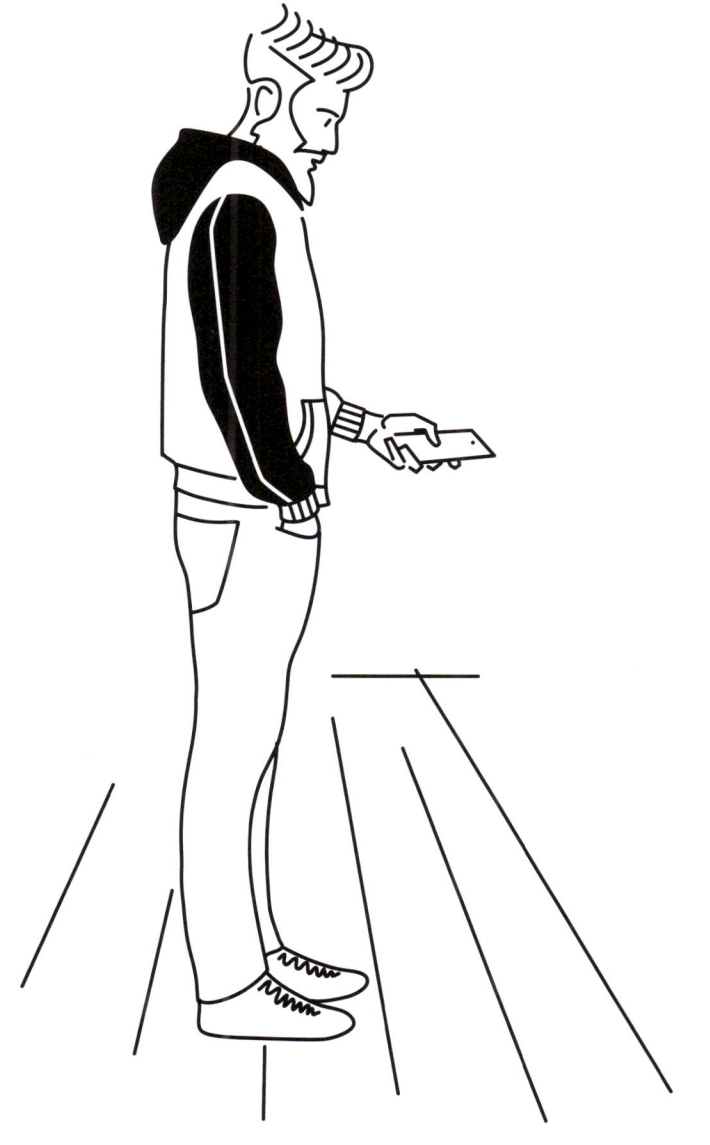

APP | WEB | PRINT | SOCIAL | PODCAST | BUSINESS

dass sie die Klimawende unterstützt und zum Beispiel ihre Mitarbeitenden am Erfolg beteiligt. Und dann würde ich die Bildungspolitik modernisieren: Aus dem Kooperationsverbot zwischen Bund und Ländern sollte ein Kooperationsgebot werden. Die 16 Bundesländer sollten an einem Strang ziehen statt sich gegenseitig Konkurrenz zu machen. Eine Sache habe ich ja schon geändert: Mit der Initiative #stayonboard haben wir erreicht, dass Vorstände, Aufsichtsräte und Geschäftsführerinnen für Elternzeit und Pflege von Angehörigen bis zu sechs Monaten Auszeit nehmen können. Dafür brauchte es ein Gesetz, dass wir 2021 auch bekommen haben.

**Quasi das Verena-Pausder-Gesetz, das es ohne dich nicht gegeben hätte.**

**Bist du stolz darauf?**
Ja. Aber nicht, weil es ein Verena-Pausder-Projekt ist, sondern weil mir viele Männer und Frauen sagen: Ich gehe jetzt mit erhobenem Haupt zum Aufsichtsrat und setze mein Anliegen durch.

**Dein Urgroßvater war Gustav Heinemann, der erste Bundespräsident. Der achte Bundespräsident, Johannes Rau, war dein Onkel. Uta Ranke-Heinemann, seine Gegenspielerin, war deine Tante. Kein Wunder, dass viele spekulieren, du könntest bald in die Politik gehen.**
Ich finde Politik total faszinierend, weil es einen großen Hebel gibt, etwas zu bewegen. Mich bremst mein Realismus: Politik ist wahnsinnig familienfeindlich. Außerdem weiß ich nicht, in welche Partei ich eintreten sollte. Ich hätte zudem Angst, dass ich mit einem Parteieintritt aufhören würde, so frei wie jetzt zu denken, weil Parteilinie dann das oberste Gebot wäre. Damit würde ich mich schwertun.

**Was ist der tiefere Sinn in deinem Leben?**
Die Welt besser zu hinterlassen, als ich sie betreten habe. Ich will einfach, dass es einen Unterschied gemacht hat, dass ich da bin. Nicht aus Größenwahn oder Selbstüberhöhung, sondern weil ich so ein Glück habe, in einem privilegierten Umfeld zu leben. Auf keinen Fall will ich mit 80 auf mein Leben zurückblicken und sagen: Schade, ich hätte mehr draus machen können.

**Mir ist aufgefallen, dass womöglich zwei Herzen in deiner Brust schlagen: Einerseits suchst du mit Startups die Zerstörung** alter Geschäftsmodelle, andererseits bist du als Gesellschafterin in zehnter Generation Familienspross beim Textilunternehmen Delius in Bielefeld. Wie bringst du beides zusammen?
Absolut richtig, dass in meiner Brust zwei Herzen schlagen. Aber ich habe es für mich schon auf einen gemeinsamen Punkt gebracht: Ich möchte das Wahnsinnstempo der Startups mit der Nachhaltigkeit und Langfristigkeit von Familienunternehmen verbinden. Ich denke nie wie andere in der Szene an schnellen Exit. Der Vorwurf „Das hast du aber nicht lange durchgehalten", wäre ein Stich in mein Familienunternehmer-Herz. Ich frage mich immer: Wie kann ich etwas erschaffen, das die Welt braucht und das nicht mehr weggeht? ∎

# POWER FOR DEMOCRACY
## STARK MACHEN FÜR DEMOKRATIE

Das Thema Haltung in der Gesellschaft und auch von Unternehmen hat in den letzten Monaten aufgrund des Angriffskriegs von Russland gegen die Ukraine eine ganz neue Bedeutung im öffentlichen Diskurs in Deutschland gewonnen. Zudem sind in den letzten Jahren die Herausforderungen, denen wir uns als Allgemeinheit stellen müssen, immer komplexer geworden. Soziale Fragen, etwa den Wohnraum betreffend, politische Fragen, wer Deutschland aus der Corona-Krise herausführen kann, aber auch moralische Fragen, in welchem Ton im öffentlichen und politischen Diskurs miteinander kommuniziert wird, fordern uns alle.

Wir bei Philip Morris sind davon überzeugt, dass die Wirtschaft einen Beitrag dazu leisten sollte, die demokratischen Grundfesten zu schützen, Flagge für die Demokratie und ihre Institutionen zu zeigen, die politische Bildung zu fördern und die gesellschaftlichen Kräfte zu stärken. Wir nennen diese Verantwortung *Corporate Democratic Responsibility* und

verstehen sie als Weiterentwicklung und Ergänzung des klassischen *Corporate Social Responsibility* Konzepts. In diesem Zuge initiieren wir seit einigen Jahren verschiedene Projekte, um dieser unternehmerischen Verantwortung für die Gesellschaft und die Demokratie Ausdruck zu verleihen.

Eines unserer Projekte ist der Award *Power for Democracy* für herausragendes demokratisches Engagement. Nachdem dieser im Herbst 2021 an *Augen auf e.V. – Zivilcourage zeigen* und *HateAid gGmbH – Beratungsstelle gegen digitale Gewalt* vergeben worden ist, findet im Juni 2022, verzögert aufgrund der Pandemie, die Ehrung der Preisträgerorganisationen, die sich auf besondere Weise für die Stärkung demokratischer Werte in Deutschland einsetzen, in einem Kreis von Vertreter:innen aus der Zivilgesellschaft, Politik und Medien statt.

Mehr zu unserem Engagement finden Sie auf: www.powerfordemocracy.de

PHILIP MORRIS
GMBH

*Power for Democracy* ist eine Initiative der Philip Morris GmbH.

# Gelderklärung ist gefragt

Vorbei die Zeiten, als der Herr Bankdirektor – Frauen kamen praktisch nicht vor – als Inbegriff von Seriosität galt. Spätestens seit der Finanzkrise 2008 ist der Ruf ramponiert. Insolvenzen, Skandale, Strafzahlungen, Stellenabbau haben dazu beigetragen. Laut Bankenverband arbeiteten 2020 rund 552.000 Beschäftigte im Kreditgewerbe, 15 Jahre zuvor waren es noch 693.000.

Jedoch: Finanzen sind ein weites Feld. Jedes Unternehmen braucht einen Finanzchef, heute meist Chief Financial Officer, kurz CFO. Aus dem Boden sprießende Fintechs ziehen Investments und junge Köpfe an, das gestiegene Börsenfieber wirkt sich auf den Jobmarkt aus. Gefragt sind Menschen, die sowohl Finanzen als auch Kommunikation beherrschen. In börsennotierten Unternehmen spielen Investor Relations eine wichtige Rolle, etablierte Medien, Onlineportale und Ratgeber suchen Talente, die die Finanzwelt erklären. Selten gab es so viel Bedarf an Menschen, die komplexe Produkte und das Marktgeschehen verständlich übersetzen können.

Gut bezahlt werden Finanzjobs nach wie vor. Ein Trainee bei einer großen Privatbank kann bis zu 60.000 Euro im Jahr erwarten. Ein CFO bekommt, je nach Berufserfahrung, bis zu 210.000 Euro. Und BMW-Finanzvorstand Nicolas Peter hat ein Einkommen von rund 4,8 Millionen.

## Buzzwords

### Peanuts
Deutsche-Bank-Chef Hilmar Kopper beschreibt so Mitte der 90er offene Handwerkerrechnungen in zweistelliger Millionenhöhe. Bis heute der Albtraum jedes Pressemenschen, der am Bild bürgernahen Bankings bastelt.

### Robo-Advisor
Computer ersetzt Gespür für Geld: Die Vermögensverwaltung wird an Algorithmen ausgelagert mit dem Ziel, regelbasierte und rationale Entscheidungen zu treffen. Anlegerinnen soll das vor zu viel Emotion und zu wenig Durchblick bei Geldgeschäften schützen.

### ETF
Ein „Exchange-Traded Fund" bildet bestimmte Börsenindizes, wie etwa den Dax, ab. So kann man mit einer einzigen Anlage breit streuen und kostengünstig investieren. Macht Anlegerinnen mutig, Bankberaterinnen überflüssig – und ETF-Anbieter wie BlackRock mächtig.

Der Stellenmarkt der Kommunikation:
**turi2.de/jobs**

# Arbeitsplatz Finanzwelt

**Die traditionelle Finanzbranche hat Vertrauen verspielt, die Digitalisierung rüttelt am Geschäftsmodell. Jetzt braucht es Talente, die sowohl Moneten als auch Menschen verstehen**

Cashflow rund um die Uhr – auch ohne Mensch hinter dem Schalter: Eine Frau lässt sich 1969 bei einer Sparkasse in Köln an einem Automaten Bargeld auszahlen

Foto: Picture-Alliance

ER STADT KÖLN
LUNGSAUTOMAT

AUSWEISKARTE

**Hermann-Josef Tenhagen**

Geb. 1963 in Wesel

1984 Studium Politik, VWL, Literaturwissenschaft und Pädagogik in Bonn

1987 Graduiertenkolleg Politik-wissenschaften, Baylor University, Waco/USA

1988 Diplomstudium Politik-wissenschaften an der FU Berlin

1991 Redakteur & später Ressortleiter „Wirtschaft und Umwelt" bei der „taz"

1996 Vize-Chefredakteur der „taz"

1998 Nachrichtenchef „Badi-sche Zeitung", Freiburg

1999 Chefredakteur „Finanz-test" von der Stiftung Warentest

2014 Chefredakteur & Geschäftsführer Finanztip.de

**3 Karriere-Tipps von Hermann-Josef Tenhagen:**

**1 Basis legen:** Eine Ausbildung machen und vieles ausprobieren.

**2 Fragen stellen:** Was kannst du am besten, was macht dir am meisten Freude?

**3 Entscheidung treffen:** Höre auf dein Bauchgefühl, folge deinen Talenten.

Foto: Micha Kirsten

# »Ich will auf der richtigen Seite stehen«

**Hermann-Josef Tenhagen**, sendungsbewusster Finanztip-Chef, nervt Banken und unterstützt Verbraucher. Die Finanzbranche sollte sich als Dienstleister verstehen, sagt er

Geld, sagt Hermann-Josef Tenhagen, muss gar nicht kompliziert sein. Das verdeutlich er am „Vier-Töpfe-Prinzip": Gratis-Girokonto, Tagesgeldkonto, ETF-Sparplan, kostenlose Kreditkarte. Das reiche, um die eigenen Finanzen zu organisieren und geregelt zu sparen. „Geld bestimmt unser Leben, deswegen sollte sich jede und jeder zumindest mit den Grundlagen befassen."

Der frühere „taz"-Redakteur ist einer bekanntesten deutschen Verbraucherjournalisten. Nach 15 Jahren bei „Finanztest" arbeitet Tenhagen seit 2014 beim kurz zuvor gegründeten Finanztip.de und hat das Onlineportal zu einer gefragten Adresse gemacht. Über 900.000 Personen beziehen den wöchentlichen Newsletter, die mehr als 1.000 „Finanztip"-Ratgeber werden jährlich rund 60 Millionen Mal abgerufen, der YouTube-Kanal zählt gut 360.000 Abos.

Tenhagens Antrieb ist, „Menschen zu mehr finanziellem Freiraum zu verhelfen. Vor allem jenen, die nicht über die Mittel verfügen, für Beratung Geld auszugeben". Deshalb fühlt er sich bei Finanztip gut aufgehoben. Den Geldratgeber haben die durch den Verkauf ihrer Baufinanzierungsplattform Interhyp reich gewordenen Marcus Wolsdorf und Robert Haselsteiner als gemeinnützige GmbH gegründet und inzwischen in die Finanztip Stiftung überführt. Ihr Ziel: Vor allem wirtschaftlich schlechter gestellte Menschen sollen sich einfach, verständlich und kostenlos über Finanzen informieren können.

Banken und Versicherungen sind von Tenhagen und seiner Truppe mitunter ganz schön genervt. Zum Beispiel, wenn auf Finanztip.de Musterbriefe veröffentlicht werden, mit denen Kundinnen zu Unrecht erhobene Gebühren für Kreditbearbeitung oder Kontoführung zurückfordern können. Dann bekommen Banken säckeweise Post und viel Arbeit. „Ich will das Gefühl haben, auf der richtigen Seite zu stehen", so Tenhagen. Die Finanzbranche sollte sich als Dienstleister verstehen und ihre Kundinnen und Kunden im besten Sinne beraten, statt provisionsgetriebene Produkte zu verkaufen, sagt er. „Es darf nicht sein, dass der Schwanz mit dem Hund wackelt."

Tenhagen ist omnipräsent und arbeitet multimedial. Er ist häufig Gast in TV-Talkshows und Ratgebersendungen wie „Mex" und „MDR um 4", kommentiert und kolumniert für „Spiegel", „SZ" und RadioEins. Sendungsbewusstsein gehört für ihn zu den wichtigsten Tugenden im Journalismus. „Wir wollen unsere Themen und Informationen doch in die Welt bringen." Wenn dann noch Spaß an Sprache hinzukommt und die Fähigkeit, Sachverhalte verständlich zu formulieren, seien das beste Voraussetzungen für journalistisches Arbeiten.

Der Chef lässt auch andere glänzen. In der rund 30-köpfigen Redaktion ist zum Beispiel Saidi Sulilatu das Finanztip-Gesicht auf YouTube und im Social Web. „Ich freue mich über jede Idee und jede Innovation, die bei uns im Team entsteht und fliegt", betont Tenhagen. So sei auch der TikTok-Kanal entstanden. Sophie, eine junge Mitarbeiterin, sollte für die Initiative „Finanztip Schule" Kontakte zu Lehrerinnen herstellen, was sich als zähes Projekt erwies. Also schlug sie vor, die junge Generation direkt über TikTok anzusprechen. Ein Volltreffer: Finanztip hat dort inzwischen mehr als 300 Clips veröffentlicht und erreicht rund 330.000 Follower. „Immer wieder Neues ausprobieren, das treibt mich an", sagt Tenhagen, der seinen SEO-Profis genau zuhört. „Wir können im Digitalen sehen, was bei unserem Publikum ankommt und was nicht. Diese Werkzeuge sollten wir nutzen, um so viele Menschen zu erreichen wie möglich."

# »Geld als Hebel für mehr Nachhaltigkeit«

**Inas Nureldin** wechselt von der ägyptischen Lebensmittel-Logistik in die deutsche Finanzbranche. Mit Tomorrow will er die Bankenwelt begrünen

Foto: Michi Schunck, Sandra Steh

**Inas Nureldin**

| | |
|---|---|
| Geb. | 1981 in Oberndorf am Neckar |
| 2004 | Studium Corporate Management & Economics in Friedrichshafen |
| 2005 | Gründung Salis IT Services |
| 2008 | International Social Entrepreneurship Program in Singapur |
| 2015 | Silicon Valley Immersion Program in San Francisco |
| 2016 | Executive Program Sustainability Management in Lüneburg |
| 2017 | Gründung Tomorrow mit Michael Schweikart und Jakob Berndt |

Soziales Wohnen, Windparks und saubere Transportwege statt Rüstung, Massentierhaltung und Kohlekraftwerke: Inas Nureldin ist überzeugt, die Finanzbranche ist eine zentrale Säule für eine „durch Nachhaltigkeit geprägte Wirtschaft". Die von ihm gegründete Tomorrow Bank orientiert sich bei ihrer Projektauswahl deshalb an den „Sustainable Development Goals" der Vereinten Nationen und zieht dafür ein eigenes Gremium zu Rate.

Das Social Business will mit finanziellen Ressourcen einen positiven Wandel schaffen. Dieser liegt Nureldin nicht nur ökonomisch am Herzen: „Wenn ich das Gefühl habe, dass ich in meinem Job nichts Neues lerne, dann ist es Zeit, etwas zu verändern", sagt er. Fachlich und persönlich möchte sich der Halbschwabe und Halbpalästinenser kontinuierlich weiterentwickeln.

Stuttgart, Kairo, Bodensee, Singapur, Hamburg – der ehemalige Waldorfschüler hat viele berufliche Stationen hinter sich gebracht. Nachdem Nureldin bei einem ägyptischen Business-Wettbewerb gewinnt, baut er parallel zum Bachelor-Studium sein erstes Startup auf. Die Mission: Mit einem Software-Unternehmen die Wertschöpfungsketten der Lebensmittelbranche offenlegen. Ab 2017 widmet er sich dann voll und ganz dem Kapitalmarkt. Der Wunsch nach Transparenz aber bleibt. Er glaubt, dass „Geld noch schneller und radikaler in die richtige Richtung gelenkt werden muss". Entsprechend predigt der zweifache Vater: „Wer Ideen hat und sie umsetzen möchte, der sollte vor allem damit starten – jetzt und hier."

Inas Nureldin sieht seine Tomorrow Bank als Vorkämpfer der schnelleren Transformation zu einer klimaneutralen Gesellschaft, „damit wir unsere Klimaziele noch rechtzeitig erreichen, bevor es zu spät ist". Die „sehr eingefahrene Industrie" brauche „neuen Atem". Er will durch sein Handeln einen Unterschied machen. Ein nachhaltiges Girokonto sei ein erster Schritt. Nureldin pustet Staub von den Sparbüchern, macht Bankkarten aus Holz und bringt grünes Leben ins Bankenviertel.

**Karriere-Tipp**

„Neugierig sein, vieles ausprobieren und keine Angst vor Fehlern oder Scheitern haben. Denn wer noch nie einen Fehler gemacht hat, hat sich noch nie an etwas Neuem versucht."

**Andrea Rexer**
Geb.  1981 in Freilassing
2001  Studium Kulturwissenschaft in Passau
2004  Politikstudium Universität Valparaíso, Chile
2006  Wirtschaftsredakteurin beim Magazin „Profil" in Wien
2011  Finanzkorrespondentin der „Welt" in Frankfurt
2012  Leitende Redakteurin Finanzen der „Süddeutschen Zei-
      tung", später zudem Redaktionsleiterin von „Plan W"
2018  Ressortleiterin Unternehmen und Märkte „Handelsblatt"
2020  Kommunikationschefin der HypoVereinsbank

Andrea Rexer spricht
über ihren Job
im turi2.de/podcast

**3 Karriere-Tipps von
Andrea Rexer**

1. Such dir den Job nach der
Chefin oder dem Chef aus, nicht
nach dem Unternehmen.

2. Nimm dir Zeit, ein Unternehmen kennenzulernen, bevor
du große strategische Würfe
machst. Sprich dazu nicht nur
mit der Chefin, sondern auch mit
dem Kantinenmitarbeiter.

3. Lerne dein Geschäft von der
Pike auf, statt eine Highflyer-
Karriere zu machen. Sonst fehlt
dir später die Glaubwürdigkeit,
wenn Kolleginnen oder Teams
merken, dass du von der eigent-
lichen Arbeit keine Ahnung hast.

# »Wer Dinge verändern will, muss Neues ausprobieren«

**Andrea Rexer**, Kommunikationschefin der
HypoVereinsbank, hat im Job immer mit fachlicher
Leistung überzeugt. Noch wichtiger ist ihr
aber die Fähigkeit, Menschen für sich zu gewinnen

V or gut einem Jahr hat Andrea Rexer im
Kommunikations-Team der HypoVereinsbank
alle Meetings am Freitag abgeschafft – „damit
wir einen Tag haben, an dem wir ungestört
kreativ arbeiten können, oder einfach mal das vom
Tisch schaufeln können, was sich angesammelt hat".
Die Reaktionen darauf seien „großartig" gewesen. Das
beweist: „Wer Dinge verändern will, muss Neues ausprobieren."

Dinge verändern, Neues ausprobieren – das macht
Rexer schon, bevor sie 2020 Kommunikationschefin
bei der Tochter der italienischen Bank Unicredit wird.
Parallel zum Studium in Passau lässt sie sich zur
Journalistin ausbilden, spezialisiert sich auf Finanzjournalismus und übernimmt schnell Führungsfunktionen bei renommierten nationalen Medien wie der
„Süddeutschen Zeitung" und dem „Handelsblatt". Bei
der „SZ" wird sie auch Redaktionsleiterin von „Plan W",
einer Wirtschaftsbeilage für Frauen. „Viele jammern,
dass es zu wenige weibliche Role Models gebe", sagt sie
damals. „Aber das stimmt nicht. Es gibt sie. Man muss
ihre Geschichten nur erzählen."

Mit ihrem Wechsel in die Unternehmenskommu-
nikation ist Rexer selbst so etwas wie ein Role Model
geworden: als Frau, die in der von Männern geprägten
Finanzwelt selbstbewusst ihre Chancen wahrnimmt.
Den Wechsel auf die andere Schreibtischseite begründet
sie offensiv: Bei der HypoVereinsbank ist sie auch für
Nachhaltigkeit verantwortlich, sie sieht sich dort als
„Teil einer Veränderung zum Besseren". Als Journalistin
habe sie früher hingegen nur hoffen können, dass sich
jemand einen ihrer Artikel zu Herzen nimmt und etwas
verändert. Rexer rühmt auch die Vielseitigkeit ihres
neuen Jobs: „Früher habe ich nur geschrieben, jetzt
mache ich Video, Podcast, Texte und Posts."

Eine Erfahrung hat Rexer auf all ihren Stationen
gemacht, egal ob im Journalismus oder in der Unter-
nehmenskommunikation: „Dass es wichtiger ist, auf der
menschlichen Seite zu punkten, als mit fachlicher Leistung." Ohne die Unterstützung von Menschen bekomme
man seine Projekte nämlich nicht durch, auch wenn sie
noch so gut sind. „Früher fiel es mir schwer, da einen
Gang zurückzuschalten", gesteht sie ein. „Heute habe
ich mehr Geduld."

Foto: Marcus Witte

**Astrid Zehbe**

Geb. 1982 in Berlin

2002 BWL-Studium mit Aufent-
halten in Prag und Genf

2009 Journalismus-Studium in
Mainz mit Aufenthalt in
Memphis

2011 Finanzredakteurin
beim Finanzen Verlag in
München

2014 Korrespondentin in Berlin
für den Finanzen Verlag

2019 Co-Gründerin und
-Chefredakteurin des
Magazins „Courage" im
Finanzen Verlag

2021 Gründung der Zeitschrift
„Finanzielle" sowie der
Agentur Fresh & Furious

# »Nutze Geld, um finanziell unabhängig zu werden«

**Astrid Zehbe**, Finanzjournalistin, hat lange Zeit anderen die Welt der Wirtschaft erklärt und mischt als Agenturgründerin jetzt selbst ein bisschen mit. Dass Geld nicht alles ist, lernt sie schon früh

## 3 Karriere-Tipps von Astrid Zehbe

1. Bleibe offen für Neues und bilde dich fort – dein Leben lang.

2. Habe Respekt, aber habe keine Angst! Übernimm Verantwortung, auch wenn du glaubst, noch nicht so weit zu sein – man wächst mit seinen Aufgaben. Alles Talent hilft nichts, wenn Angst oder Bequemlichkeit daran hindern, dieses Talent zu nutzen.

3. Bleibe als Profi neugierig, aber immer auch kritisch. Wer betriebsblind und voreingenommen wird, verspielt sich Chancen und die Möglichkeit, sich weiterzuentwickeln. Frischer Wind hält fit!

Dass Frauen wirtschaftlich und beruflich auf eigenen Füßen stehen sollten, muss Astrid Zehbe nicht erst lernen – sie hat es nie anders kennengelernt. Zehbe kommt in Ostberlin zur Welt und wächst in der DDR auf. Alle Frauen in ihrer Familie und ihrem Umfeld haben Vollzeit-Jobs, einige sogar Führungsfunktionen.

Zehbe macht das Verdienen und Vermehren des Geldes zum Beruf – jedenfalls in der Theorie. Nach BWL- und Journalismus-Studium wird sie Redakteurin beim Finanzen Verlag. Ihr Fachthema gehört für sie nicht in eine Nische: „Wer versteht, wie die Finanzmärkte ticken, der kann viele politische und gesellschaftliche Entwicklungen ableiten, besser einordnen und hinterfragen." Anders gesagt: „Money makes the world go round."

Geld ist für Zehbe auch Mittel zum Zweck: Es zu nutzen, „um finanziell möglichst unabhängig zu werden", ist ihr wichtigster Finanz-Tipp. Seit dem vergangenen Jahr beschäftigt sie das Thema nicht mehr nur publizistisch. Sie ist selbst Unternehmerin geworden: Mit ihrer langjährigen Kollegin Daniela Meyer hat Zehbe die Agentur Fresh & Furious gegründet, die für Verlage und Finanzdienstleister journalistische Produkte entwickelt. An der neuen Rolle schätzt sie

den „gestalterischen Freiraum und die Möglichkeit, selbst etwas aufzubauen".

Wichtigstes Produkt der beiden Gründerinnen ist „Finanzielle", ein viermal pro Jahr erscheinendes Magazin für Frauen, das mit Dienstleistungen wie Veranstaltungen, Seminaren und Beratung verknüpft ist. Zehbe und Mayer haben „Finanzielle" als Beiboot der Frauenzeitschrift „Emotion" von Verlegerin Katarzyna Mol-Wolf entwickelt. Wie verhandeln Frauen gut? Wie sollten sie ihr Geld anlegen? Und wie gelingt mit seiner Hilfe ein genussvolles Leben? Das sind Fragen, mit denen sich Zehbe für „Finanzielle" befasst.

Dass Geld zwar wichtig, aber nicht das Wichtigste ist, muss ihr aber niemand erklären. Sie weiß das seit ihrem 16. Lebensjahr, als sie eine Krebsdiagnose erhält. Astrid Zehbe hat das Glück, nach einem Jahr mit Operationen, Chemotherapie und Bestrahlung wieder ganz gesund zu werden. „Ich musste sehr früh erfahren, dass das Leben sich von einer Minute auf die andere gravierend verändern kann – und schlimmstenfalls sogar vorbei sein kann", sagt sie heute. „Das hat mich dahingehend geprägt, als dass ich versuche, meine Zeit mit Tätigkeiten zu verbringen, die mich erfüllen, die mir gut tun und bei denen vor allem meine Familie mit von der Partie ist."

# Journalism Innovators Program ●

## Jetzt bis zum 15. August 2022 bewerben!

Das Journalism Innovators Program der Hamburg Media School ist eine sechsmonatige, kostenlose Weiterbildung für Journalist*innen und Content-Creator*innen, die ein Projekt verwirklichen wollen. Wenn du bereits eigene Inhalte veröffentlichst und nun aus deiner Idee ein Geschäftsmodell werden soll, bist du hier genau richtig.

Fotocredit: Jacobia Dahm

HAMBURG
MEDIA
SCHOOL

# »Die Börse ist ein Marathon, kein Sprint«

**Jessica Schwarzer**, Finanzjournalistin, blickt mit Freude auf die Psychologie hinter der Finanzbranche. Das Auf und Ab der Börse ist ihre Passion

Seit über 25 Jahren sind Geldanlagen Jessica Schwarzers journalistische Heimat. Doch heute definiert sie ihren Beruf „völlig anders als früher": Schwarzer schreibt, moderiert Events, gastiert in Podcasts, dreht Videos, leitet Seminare und macht Social Media. Die Börse hatte sie beruflich zunächst gar nicht auf dem Schirm, dafür aber den Journalismus. Ihr Kindheits-Idol ist die rasende Reporterin Karla Kolumna aus den Hörspielen um Benjamin Blümchen.

Nach dem Politik- und Geschichtsstudium in Düsseldorf macht sie ein Praktikum bei der damaligen „Handelsblatt"-Tochter DM Online. Der Redaktionsleiter Matthias von Arnim erkennt Schwarzers Börsenblut. „Vorher war ich gar nicht auf die Idee gekommen, dass ich Finanzjournalistin werden könnte", erzählt sie. Knapp zehn Jahre später startet sie beim „Handelsblatt" und erklimmt die Karriereleiter: Von der Redakteurin im Newsroom entwickelt sie sich zur Ressortleiterin Finanzen und dann zur Chefkorrespondentin. 2018 entscheidet sie sich schließlich für die Selbstständigkeit als Journalistin, Autorin und Moderatorin. Was bleibt ist „das Spannendste an meinem Job: das tägliche Auf und Ab an den Märkten".

Neue Möglichkeiten auszutesten, ist Jessica Schwarzer wichtig. Gleichzeitig ist sie ein „großer Fan des guten, alten Nutzwert-Journalismus". Sie empfiehlt deshalb eher, „die Grundlagen der erfolgreichen Geldanlage zu vermitteln als das Rüstzeug zum Zocken". Auch wenn letzteres etwas aufregender scheine. Ein langer Atem sei an der Börse Grundvoraussetzung. Schwarzer empfiehlt für den Vermögensaufbau deshalb: „Langfristig denken und sein Risiko breit streuen – am besten mit Fonds und ETFs". Ihre Karriere als Börsenanlegerin startet bereits 1996: Beim Börsengang der Deutschen Telekom ersteht sie ihre erste Aktie. Damit wird sie Unternehmerin, betont sie in einem Interview, denn Aktien sind Unternehmensbeteiligungen.

Jessica Schwarzer denkt Finanzjournalismus und Gleichberechtigung zusammen. Sie wünscht sich definitiv mehr Frauen in den Chefetagen der Finanzwelt, grundsätzlich mag sie die Branche aber. In ihren Seminaren stellt sie heraus, dass Frauen andere Erwerbsbiographien haben als Männer und deshalb auch anders mit ihrem Geld umgehen sollten. Schwarzer vermittelt Grundwissen, erklärt die Fachsprache und will so die Angst vor der Börse nehmen. Deshalb unterstützt sie auch die Initiative Finanz-Heldinnen, die Frauen für Geldfragen begeistern und mit Wissen unterstützen will. Dass männliche Bullen und Bären die Märkte dominieren, habe mit der heutigen Realität nichts mehr zu tun.

Schwarzer liebt es, „wenn die Ideen nur so sprudeln und meinen Auftraggebern auch gefallen". Sie hat acht Bücher geschrieben und beweist, dass ihr Beruf vielseitig ist: Sie schreibt darüber, „wie wirklich jeder entspannt reich werden kann", über Finanzplanung für Frauen und Emotionsregulierung bei schwerem Börsengang. Damit tritt sie den Beweis an, dass man über Geld eben doch sprechen kann – und auch schreiben.

## Jessica Schwarzer

| | |
|---|---|
| Geb. | 1974 in Düsseldorf |
| 1995 | Studium neuere Geschichte, Wirtschaftsgeschichte und Politik in Düsseldorf und Wien |
| 1996 | Kauf der ersten Aktie: Deutsche Telekom beim Börsengang |
| 1999 | Praktikum bei DM Online |
| 2008 | Redakteurin, später Ressortleiterin Finanzen und Chefkorrespondentin Börse beim „Handelsblatt" |
| 2018 | Freiberufliche Journalistin, Autorin und Moderatorin |

**Tipp für eine Anfängerin:**

„Immer an die Leserin und den Leser denken. Heißt konkret: Lieber über Strategien für den langfristigen Vermögensaufbau zu berichten, als über die vermeintlich nächste 100-Prozent-Chance"

# »Vergiss nie, dass Geld eine Wirkung hat«

**Kristina Jeromin**, grüne Finanzexpertin, will der Branche zu mehr Nachhaltigkeit verhelfen. Dabei denkt sie ganzheitlich, über den Teller-rand hinaus – und manchmal an Steine

V on ihrer Oma hat Kristina Jeromin gelernt: „Ebbes ist immer für Ebbes gut." Für irgend-was ist alles immer gut. Oder, in Jeromins eigenen Worten: „Nicht am Anfang jedes Weges lässt sich absehen, wohin er führen wird." Ihre Erfahrungen bestätigen, dass es oft die vermeintlichen Fehlentscheidungen oder großen Kompromisse im Leben sind, „die besonders weit führen".

Jeromin hat das Leben nach dem Studium der Politikwissenschaften und Philosophie für mehr als zehn Jahre an die Deutsche Börse geführt. Dort verantwortet sie unter anderem das konzernweite Nachhaltigkeits-Management, bevor sie als Bundestagskandidatin der Grünen in Hessen antritt und den Konzern verlässt. Der Listenplatz 11 reicht nicht für den Einzug in den Bundestag, an einem nachhaltigen Finanzsystem arbeitet Jeromin trotzdem weiter.

Seit 2018 ist sie Geschäftsführerin der Initiative „Green and Sustainable Finance Cluster Germany", deren Ziel die Bündelung nachhaltiger Aktivitäten in der Branche ist. Der Job überrascht Jeromin immer wieder: Es sei spannend, die Entwicklung der letzten Jahre zu begleiten und manchmal auch „proaktiv beeinflussen zu können". Dabei wünscht sie sich manchmal weniger „So war das schon immer" – und mehr „Lasst und das einfach mal versuchen". Dazu gehört für Jeromin mit Blick auf den Aufbau nachhaltiger Wirtschaftsstrukturen ein ganzheitlicher Ansatz: „Häufig verliert sich die Diskussion in Details einzelner Wertschöpfungsbereiche." Und: mehr Vielfalt. Denn ohne die könne der nötige wirtschaftliche Wandel und dessen Finanzierung nicht gelingen: „Wir brauchen alle Perspektiven mit am Tisch." Alle Geschlechter, Generationen, inhaltlichen Hintergründe. Wer Spaß an komplexen Sachverhalten hat, „detaillierter Kleinarbeit etwas abgewinnen kann", aber auch „gerne visionär über den Tellerrand hinausschaut", sei deshalb in der Finanzbranche genau richtig.

Kristina Jeromins bester Geld-Tipp ist der mit dem Stein: Nie dürfe man vergessen, dass Geld eine Wirkung hat, die sich nach einer Kauf- oder Anlageentscheidung entfalte „wie Wellen bei einem Stein, den man ins Wasser wirft". Ganz genau vorhersagen kann diese Wellen niemand. Aber versuchen sollte man es trotzdem: „Dieses Gedankenspiel ist hilfreich für einen verantwortungsvollen Umgang mit Geld."

Foto: Olaf Rayermann, Christof Mattes

**Kristina Jeromin**
geb.   1982 in Wiesbaden
2002  Studium Politik-
      wissenschaften und
      Philosophie in Mainz
2009  Verantwortlich für Kom-
      munikation von Nach-
      haltigkeitsthemen bei
      der Deutschen Börse
2015  Head of Group Sustai-
      nability Deutsche Börse

2018  Co-Geschäftsführerin
      des Green und Sustai-
      nable Finance Cluster
      Germany
2021  Bundestagskandidatin
      der Grünen in Hessen

**Mein Tipp:**
„Bleibe wach und (selbst-) kritisch und verliere nie die Lust am Lernen"

# »Jeder sollte sich um sein eigenes Geld kümmern können«

**Thomas Kehl,** Mitgründer von Finanzfluss, erreicht durch Erklär-Videos auf YouTube Millionen. Seine Mission: Menschen in Finanzfragen bilden

Thomas Kehl spricht ruhig, fast sanft, und hat so gar nichts Überhebliches an sich. Im Vergleich dazu klingt der Titel seines gedruckten Erstlings „Das einzige Buch, das Du über Finanzen lesen solltest" beinahe marktschreierisch. Seine Fans und Leserinnen haben die augenzwinkernde Botschaft der gewählten Zeile allerdings verstanden – und Kehl auf Anhieb zum Bestseller-Autor gemacht. Dabei ist das Buch, geschrieben mit Co-Autorin Mona Linke, nur ein Nebenprodukt auf seiner „Mission", wie er gerne sagt, den Menschen finanzielle Bildung beizubringen. „Jeder sollte in der Lage sein, sich um sein eigenes Geld zu kümmern", so Kehl.

Deshalb gründet der ehemalige Investmentbanker mit seinem Schulfreund Arno Krieger 2019 das Startup Finflow. Schon ein paar Jahre zuvor beginnen sie mit wenig Ahnung, aber viel Engagement, Erklär-Videos zum Einmaleins der Finanzen zu drehen. Eine Marktlücke, wie sich bald herausstellt. Ihr YouTube-Kanal namens Finanzfluss wird vom Versuchsballon zum Überflieger – mit aktuell fast einer Million Abos. Die Marke Finanzfluss ist inzwischen auf allen wichtigen Kanälen präsent und hat ihr Programm durch Ratgeber, Rechner und Produktvergleiche kräftig erweitert. Die junge Firma beschäftigt rund 15 Mitarbeitende, darunter Entwickler, Mediengestalter, eine Redaktion und eine Social-Media-Managerin.

Thomas Kehl genießt seine verschiedenen Rollen: als Unternehmer, der strategisch denkt, als Journalist, der recherchiert und moderiert, als Produktmanager, der mit seinem Team neue Formate entwickelt. Auch redaktionelle Routinen gehören dazu: Jeden Mittwoch und jeden Sonntag erscheint ein frisches Video auf YouTube. „Diesen Mix an Anforderungen und Aufgaben finde ich spannend, das macht meinen Job aus",

sagt der gelernte Bankkaufmann. Kehl ist das prominent gewordene Gesicht von Finanzfluss, laut eigenen Angaben die „größte Community für finanzielle Selbstentscheider im deutschsprachigen Raum". Seine populärsten Videos „Bitcoin erklärt" und „Aktien & Börse verstehen" wurden über 1,8 Millionen Mal abgerufen. Auf der hohen Reichweite basiert das Geschäftsmodell: Provisionen aus Affiliate-Marketing und Einnahmen aus Werbung und Sponsorings sind die wichtigsten Erlösquellen. Unabhängigkeit ist dem Gründer-Duo wichtig: „Wer über Finanzen aufklärt, darf nicht finanziell befangen sein."

Genau das kritisieren sie an der Branche: Weil Beraterinnen viel zu oft produktbezogene Provisionen erhalten, kann das zu schlechteren Anlageempfehlungen führen. „Solche Interessenkonflikte sollte man erkennen, deshalb ist finanzielle Grundbildung so wichtig", sagt Kehl. Die Finanzbranche sei überreguliert und für normale Anlegerinnen zu kompliziert. „Viele Neo-Banken machen vor, wie's besser geht. Preisgestaltung und Nutzungserlebnis sind wirklich fortschrittlich."

Kehl würde beruflich wieder den Schritt ins Geldbusiness gehen. Gute Erfahrung hat er damit gemacht, sich früh einen Mentor zu suchen. Über den Karriereservice an der Hochschule bekam er Kontakt zu einem Manager der Deutschen Bank. „Ein wertvoller Austausch, der bis heute besteht", sagt der Finanzfluss-Macher. Deshalb rät er auch Nachwuchskräften dazu. Wenn sie auf ihrem Gebiet spannende Menschen mit Expertise entdecken, zum Beispiel auf Veranstaltungen oder in Business-Netzwerken, dann sollten sie diese ansprechen, so Kehl: „Einfach trauen und fragen. Menschen berichten gerne über ihren Beruf. Erst recht, wenn sie dadurch junge Leute unterstützen können."

# Alles hat seinen Preis. Vorteil!

**Michael Helbig**

Geb. 1971 in Wuppertal
1992 Studium Sozialwissen-
schaften in Bochum
1997 Promotion, wissenschaftlicher Mitarbeiter bei Inwis
1999 Assistent beim Aufsichtsrat von DaimlerChrysler
Services
2000 Abteilungsdirektor
Kommunikation
der Dresdner Bank
2006 Direktor Kommunikation
und Pressesprecher
der KfW

# »Die Finanzbranche hat sich auf den Weg gemacht«

**Michael Helbig**, Kommunikationschef der KfW, findet, dass Banken und Bankerinnen besser sind als ihr Ruf. Er arbeitet daran, dass das alle mitbekommen

Hätte Michael Helbig einen Trophäenschrank, könnte er dort so einige Auszeichnungen präsentieren: Journalistinnen wählten den Kommunikationschef der Kreditanstalt für Wiederaufbau (KfW) bei der Umfrage eines Fachmagazins im Jahr 2021 zum Unternehmenssprecher des Jahres in der Kategorie Bank. Und der Branchenverband DPRG zeichnete die Bank mit einem „Thought Leadership Award" aus, weil sie es dank ihrer Kommunikation geschafft habe, sich als Vorreiter in Sachen Klimaschutz zu positionieren.

Der Förderbank KfW fällt es leichter als privaten Geschäftsbanken, Gutes zu tun. Denn ihr Auftrag besteht explizit darin, die wirtschaftlichen, sozialen und ökologischen Lebensbedingungen zu verbessern. Doch der Sozialwissenschaftler Helbig ordnet seine Arbeit auch ganz persönlich als „Arbeit an der Weiterentwicklung unserer Gesellschaft" ein. „Die Finanzbranche hat sich schon vor einiger Zeit auf den Weg gemacht, nicht allein Erfolgsmeldungen in Bezug auf ihre Gewinne zu kommunizieren, sondern über die Wirkung ihres Handelns zu berichten", sagt er und hält fest: „Ohne die Bereitstellung von Finanzmitteln läuft keine Investition in Klimaschutzmaßnahmen, keine Innovation im Bereich Digitalisierung, keine Baumaßnahme für Wohnungen oder Kitas."

Dass er bei der staatlichen Bank KfW an der Schnittstelle zwischen Finanzmarkt und Politik arbeitet, ist für Helbig das Spannendste an seinem Job. Als Kommunikator müsse er dafür sorgen, dass die Anforderungen beider Seiten abgebildet sind, sagt er. „Daher muss man manchmal vermeintliche Widersprüche erkennen und so auflösen können, dass die dahinter liegenden Gründe verständlich werden." Dass eine Botschaft die gewünschten Adressatinnen erreicht, liegt indes nicht allein in seiner Hand. Umso größer ist die Freude, wenn sie bei den richtigen Leuten ankommt: „Ein guter Arbeitstag ist dann einer, wenn ein Konzept funktioniert und Unternehmen, Team, Zuhörerinnen und Zuhörer zufrieden sind."

Foto: Alexander Kempf, PR

# »Verliere nie die Work-Life-Balance aus den Augen«

**Sina Mainitz**, ZDF-Börsenreporterin, geht beim Geld auf Nummer sicher. Neulingen in der Finanzbranche rät die ausgebildete Yoga-Lehrerin, nicht alles auf eine Karte zu setzen

Sina Mainitz läuft gern durch Wald und Wiese – Joggen und Yoga sind für die ZDF-Börsenreporterin der perfekte Ausgleich zum Berufsleben und dem Alltag mit zwei kleinen Kindern. Ihre Yoga-Ausbildung 2015 war „mit das Beste, was mir im Leben passieren konnte", sagt sie heute. Der Sport bietet ein Kontrastprogramm zu den Themen, mit denen sich die Börsenexpertin beschäftigt, sobald sie die ZDF-Redaktion betritt. Ob Wirecard oder „manch anderer Skandal in der Finanzwelt" – grundsätzlich stört Mainitz in der Finanzbranche eine gewisse „Gier nach dem schnellen Geld". Sie würde den Sektor gerne „mehr menscheln lassen" und „ethisch vertretbarer machen".

In der Branche bewegt sich die gebürtige Marburgerin bereits seit vielen Jahren. Mainitz studiert zunächst Betriebswirtschaftslehre mit Schwerpunkt Medien- und Kommunikationswirtschaft und geht danach für eine Hospitanz für längere Zeit ins ZDF-Studio nach New York. Anschließend arbeitet sie als Redakteurin und Reporterin für verschiedene Sendungen, bevor sie 2008 ins ZDF-Börsenstudio wechselt. Seitdem berichtet sie live für alle aktuellen Sendungen vom Börsenparkett.

Wenn Mainitz heute die Redaktion betritt, weiß sie nicht immer, was der Tag bringt. Mit ihren Kolleginnen bespricht sie die wichtigsten Themen, recherchiert und textet, um anschließend live aus Frankfurt zu berichten. Dann geht es schon weiter zur nächsten Sendung, in der es thematisch manchmal um etwas ganz anderes geht. Doch genau das liebt sie an ihrem Job: „sich täglich auf etwas Neues einlassen zu müssen und durch die Aktualität immer wieder überrascht zu werden". Wenn sie es dann schafft, Wirtschaftsnachrichten so rüberzubringen, dass sie möglichst viele Menschen verstehen und die Redaktion zufrieden ist, „fahre ich mit einem Lächeln nach Hause".

Weil dort ihre Familie auf sie wartet, arbeitet Mainitz in Teilzeit. Eine gesunde Work-Life-Balance macht für sie einen Profi in der Arbeitswelt aus. Diese Eigenschaft fehle vielen Führungskräften, glaubt sie. Sie räumt sich diese Zeit deshalb ein. Statt immer nur bei der Arbeit „durchzupowern", genießt Mainitz das Leben viel mehr: „Ich bin dankbar für den Sonnenschein, für die Natur, für Gesundheit." Dinge, die Mainitz früher als zu selbstverständlich angesehen habe.

Auch beim Thema Finanzen ist ihr eine gewisse Balance wichtig. Mainitz selbst sieht sich nicht als „Zockerin" und setzt nicht alles auf eine Karte. Wer sich noch nicht lange mit Aktien beschäftigt, sollte Geduld haben und breit streuen, rät sie. Der Aktienmarkt sei „nichts für jemanden, der schnelles Geld verdienen will". Wer Geld hat, sollte dann „etwas Sinnvolles damit tun", sagt Mainitz. Die einen wollen über die Runden kommen, andere möchten sich einen Traum erfüllen oder anderen mit weniger Geld helfen. Wofür man sein Geld ausgibt, „ist eine ganz individuelle Sache".

**Sina Mainitz**

| | |
|---|---|
| Geb. | 1977 in Marburg |
| 1996 | Studium der Pharmazie in Marburg |
| 1999 | Mitarbeit beim ZDF, duales Studium BWL in Ravensburg |
| 2002 | Hospitanz im ZDF-Studio New York |
| 2003 | Trainee, Redakteurin und Moderatorin beim ZDF |
| 2008 | Moderatorin und Redakteurin im ZDF-Börsenstudio in Frankfurt |
| 2015 | Ausbildung zur Yogalehrerin |

**Geld-Tipp für Anfängerinnen:**
„Lesen, lesen, lesen und sich informieren – auf Portalen wie der Verbraucherzentrale oder den guten alten Bankberater fragen"

## »Klarer und emotionaler kommunizieren«

**Oliver Santen**, Kommunikationschef des Bundesverbands Deutscher Banken, hat seine Karriere bei einer Zeitung mit sehr großen Schlagzeilen begonnen. Auch von der Finanzbranche wünscht er sich manchmal mehr Klartext

**Oliver Santen**

Geb. 1969 in Schwerte (Ruhr)
1990 Publizistik-Studium in Münster
1996 Journalistenschule Axel Springer
1998 Politikredakteur bei „Bild"
1999 Parlamentskorrespondent der „Welt am Sonntag"
2000 Pressesprecher der Allianz Gruppe
2004 Axel Springer, zuletzt Politik- und Wirtschaftschef „Bild"
2011 Siemens, zuletzt Head of Public Relations and Technology Media
2017 Kommunikationschef Bundesverband Deutscher Banken

### 3 Tipps von Oliver Santen

**Für Anfänger:**
Bleib immer neugierig. Bau dir ein Netzwerk auf und pflege es kontinuierlich. Arbeite eine Zeit lang im Ausland.

**Für Profis:**
Verliere nie den externen Blick auf deine Organisation, sondern versuche, sie genauso zu sehen, wie am ersten Arbeitstag. Das ist Gold wert, denn so wirst du nicht betriebsblind.

**Für den Umgang mit Geld:**
Kümmere dich heute um dein Geld, nicht morgen oder übermorgen. Investiere nur in das, was du verstehst. Sprich mit anderen über Geld.

Journalismus, Kommunikation, Journalismus, Kommunikation. Das ist, in stark komprimierter Form, der berufliche Werdegang von Oliver Santen. Die etwas längere Fassung lautet so: Santen startet als Redakteur bei „Bild" und „Welt am Sonntag", spricht dann für die Allianz, kehrt als Wirtschafts- und Politikchef von „Bild" zu Springer zurück und leitet seit mehr als zehn Jahren die Kommunikation namhafter Unternehmen und Verbände. Derzeit sorgt er dafür, dass die privaten Banken in Deutschland in der Öffentlichkeit gut dastehen.

Journalismus und Kommunikation sind für Santen ohnehin keine komplett getrennten Welten, auch durchs Bankenviertel führt ja zuweilen ein Boulevard. Als Kommunikationschef des Bundesverbands Deutscher Banken geht er darin auf, komplizierte Themen einordnen und erklären zu müssen, sagt er: „Mit Sprache und Bildern arbeiten, daran feilen, weiter vereinfachen." Santen wünscht sich, dass die Finanzbranche insgesamt „klarer und emotionaler" kommuniziert. Eine Karriere dort empfiehlt er Menschen, „die gerne mit Themen arbeiten, die alle etwas angehen, und die Fragen stellen, die jedem auf der Seele brennen".

Eine weitere Gemeinsamkeit zwischen Journalismus und Kommunikation ist auch das gute Gefühl, das sich bei Santen zuweilen am Ende eines Arbeitstags einstellt: das Gefühl, „einerseits völlig ausgepowert zu sein und andererseits gemeinsam mit meinem Team etwas ganz Konkretes geschafft zu haben". Früher verschaffte ihm die gedruckte Zeitung in der Hand dieses Gefühl. „Heute ist die Welt viel digitaler geworden, aber das Erlebnis ist das gleiche." Und noch etwas hat er auf seinen beruflichen Stationen zwischen Journalismus und Kommunikation gelernt: „Ohne eine Handvoll verlässliche, loyale Freunde komme ich weder durch eine Krise noch durch mein Leben."

Foto: hoffotografen.de, Hannelore Foerster

# »To make a difference«

**Annette Weisbach**, freie Wirtschaftsjournalistin, berichtet aus dem Inneren der Finanzwelt, in der sie jahrelang gearbeitet hat. Die Seiten zu wechseln, war für sie wegweisend

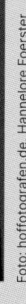

**Annette Weisbach**

Geb. 1976 in Königstein
1997 Studium der VWL und Politikwissenschaften
2003 Deutsche Bank, Assistentin des Chefvolkswirts
2003 FREO Financial & Real Estate
2005 Macquarie Corporate Finance
2007 Bloomberg TV in London
2009 Freie Journalistin u.a. für CNBC und DW TV, Trainerin und Ghostwritern
2021 „Das Investment Briefing" bei The Pioneer

Momentan sei wirklich eine besondere Zeit, sagt Annette Weisbach. In ihrem Beruf begegnen ihr all die großen Fragen: Wie geht es weiter mit China? Gelingt die grüne Transformation der Wirtschaft? Und schließlich Digitalisierung, Krypto und das Metaverse: Was wird kommen, was ist nur ein Hype? Diese Fragen bewegen auch die Finanzwelt, über die Weisbach täglich berichtet. Diese Welt kennt sie von innen: Nach dem VWL-Studium begleitet sie unter anderem den Chief Economist der Deutschen Bank und arbeitet als Investmentbankerin, bevor sie 2007 zu Bloomberg TV nach London und damit in den Journalismus wechselt – für sie ein wegweisender Schritt.

Ihre Erfahrung kommt ihr dort zugute: „Bei Ausbruch der Finanzkrise war ich eine der wenigen im Newsteam, die grundsätzlich die Struktur von Subprime Markets et cetera verstanden hat", erinnert sie sich. Dennoch findet sie, die Finanzbranche solle kreativer werden und sich mehr für Menschen ohne klassischen Wirtschaftshintergrund öffnen. In England sei das zum Beispiel der Fall und führe auch dazu, dass der Beruf breiter

akzeptiert werde. Voraussetzung für Erfolg im Feld der Finanzen ist laut Weisbach, international arbeiten zu wollen, keine Scheu vor Zahlen zu haben und neugierig zu sein.

2009 macht sie sich als Wirtschaftsjournalistin selbstständig. Seitdem arbeitet sie für den globalen Finanznachrichtensender CNBC und die Deutsche Welle, außerdem ist sie Ghostwriterin und trainiert Führungskräfte für Auftritte vor Kameras oder Publikum. 2021 kommt eine weitere regelmäßige Tätigkeit hinzu: Sie hostet das „Investment Briefing" bei Gabor Steingarts Media Pioneer. „Es bleibt wirklich interessant, auch nach vielen Jahren", sagt Weisbach über ihre Arbeit, bei der sie immer wieder dazulernen und Menschen treffen darf, die etwas bewegen wollen.

Ihr wichtigstes Learning dabei: „Authentisch und menschlich zu bleiben lohnt sich." Dann erfahre man, wie das Gegenüber tickt. „Wenn ich die Möglichkeit hatte, ein Thema mit einem interessanten Gespräch aufzuarbeiten oder jemanden durch ein Medientraining wirklich weitergeholfen habe", sagt sie, sei das für sie ein guter Tag. Kurz: Wenn sie einen Unterschied gemacht hat.

# 10 **Finanzmedien** als Arbeitgeber

### Börsenmedien AG
Gehört dem Investor und Multi-Millionär Bernd Förtsch aus Kulmbach. Verlegt das Anlegermagazin „Aktionär" und ist durch den Kauf des Finanzen Verlags mit „Euro", „Euro am Sonntag", „Börse Online" und „Finanztreff" zum wichtigsten Medienhaus für Privatanleger in Deutschland geworden. Betreibt auch digitale Plattformen wie „Der Aktionär TV".
**Personal:** Ute Kodisch
**Marketing:** Jacek Majewski
**Kommunikation:**
Kent Gaertner
**boersenmedien.de/unternehmen/karriere**

## brand eins

### brand eins Medien
Kleinverlag aus Hamburg, der das monatliche Wirtschaftsmagazin „Brand Eins" herausgibt. Macht auch Kundenmagazine und Branchen-Rankings. Gegründet 1999 von Gabriele Fischer, die bis heute Chefredakteurin, Miteigentümerin und Vorstand ist.
**Personal:** Susanne Risch
**Marketing:**
Olesja Zimmermann
**Kommunikation:**
Holger Volland
**brandeins.de**

## FINANZTIP

### Finanztip
Ein 40-köpfiges Team rund um Chefredakteur Hermann-Josef Tenhagen informiert auf „Finanztip" über Geldanlage, Bauen, Versicherungen & Co. Zu den Produkten zählen eine Webseite, ein Newsletter, ein YouTube- und ein TikTok Kanal. Kostenloses Angebot, getragen von der Finanztip Stiftung und finanziert durch Affiliate Links.
**Personal:** Fabian Dany
**Kommunikation:**
Anika Görner/Dorian Obst
**finanztip.de/jobs**

### Gruner + Jahr
Vom Wirtschafts-Portfolio des Zeitschriftenverlags Gruner + Jahr, seit Kurzem ein Teil von RTL, sind nur das Flaggschiff „Capital" und dessen junges Beiboot „Business Punk" übrig geblieben. „Capital" berichtet in Reportagen, Analysen, Kommentaren über Unternehmen, Wirtschaftspolitik und Vermögensmaximierung, „Business Punk" ist ein „Lifestyle-Business-Magazin" für Gründerinnen sowie die Digital- und Startup-Szene.
**Personal:** Günter Maschke
**Marketing:** Julian Weiss (RTL)
**Kommunikation:**
Frank Thomsen
**guj.de/karriere**

## Handelsblatt
### III MEDIA GROUP

### Handelsblatt Media Group
Deutschlands größter Verlag für Wirtschafts- und Finanzinformationen mit der Tageszeitung „Handelsblatt" und dem Wochenmagazin „Wirtschaftswoche". Zunehmend digitale Geschäfte, auch mit Podcasts und Newslettern. Mit der Tochter Euroforum im Veranstaltungs- und Seminargeschäft aktiv.
**Personal:** Nadine Dreßen
**Marketing:** Kim Robertz
**Presse und Kommunikation:**
Aylin Menemencioglu
**handelsblattgroup.com/karrierereportal**

## Hubert Burda Media

### Hubert Burda Media
Großer Zeitschriftenverlag mit zwei Finanz- und Verbrauchertiteln im Portfolio: „Focus Money" informiert über Aktien, Geldanlage & Co. „Guter Rat" ist ein Ratgeber zu Themen wie Steuern, Recht, Wohnen, Mobilität und Verbraucherfragen.
**Personal:**
Katharina Herrmann
**Marketing:**
Burkhard Graßmann
**Kommunikation:**
Philipp Wolff
**burda.com/de/karriere**

## impulse

### Impulse Medien
Nikolaus Förster löste das Unternehmer-Magazin „Impulse" 2013 via Management-Buy-out aus dem Großverlag Gruner + Jahr und machte es zur Keimzelle seines eigenen kleinen Verlags in Hamburg. Um das stark geschrumpfte Heft herum gruppierte er Angebote wie Seminare, Coaching oder Reisen. Alles für Menschen, „die anpacken, Neues wagen und für ihre Entscheidungen einstehen".
**Personal, Marketing und Kommunikation:** Laura Blindow (Verlagsleiterin), Nikolaus Förster (Verleger)
**impulse.de/karriere**

## SPIEGEL Gruppe

### Spiegel Gruppe
Gibt neben dem Nachrichtenmagazin „Spiegel" auch das „Manager Magazin" für Führungskräfte heraus. Erscheint einmal pro Monat als Heft und digital. Zur Gruppe gehört auch „Harvard Business manager", die deutsche Ausgabe der US-Zeitschrift „Harvard Business Review".
**Personal:** Felix Blum
**Kommunikation und Marketing:** Anja zum Hingst
**gruppe.spiegel.de/karriere**

### VNR Verlag für die deutsche Wirtschaft
Auf Wirtschaftsthemen spezialisierter Fachverlag mit Zeitschriften, Apps, Datenbanken, Software und Kursen zu den Themen Finanzen, Personal, Familie, Gesundheit und Computer. Von Richard Rentrop in zweiter Generation geführtes Unternehmen mit Sitz in Bonn.
**Personal:** Denise vom Hoff
**Marketing:** Michael Schrader
**vnrag.de/karriere**

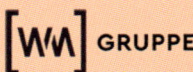

### WM Gruppe
Zur Frankfurter WM Gruppe gehören die Unternehmen WM Datenservice, WM Wirtschafts- und Bankrecht, WM Seminare und als Prunkstück die „Börsen-Zeitung". Erscheint täglich dienstags bis samstags und berichtet über die Entwicklungen an den deutschen und internationalen Finanzplätzen.
**Personal, Marketing und Kommunikation:**
Mirjam Pütz
(Geschäftsführerin)
**wmgruppe.de**

# 10 Banken als Arbeitgeber

## COMMERZBANK

**Commerzbank**
Viertgrößte deutsche Geschäftsbank mit hierzulande rund elf Millionen Privat- und Unternehmenskundinnen. Wickelt rund 30 Prozent des deutschen Außenhandels ab und macht in 40 Ländern Geschäfte mit Firmenkunden. Seit der Finanzkrise 2008 ist der Staat größter Einzelaktionär.
**Personal:**
Sabine Schmittroth
**Marketing:** Katrin Menne
**Kommunikation:**
Sven Korndörffer
**jobs.commerzbank.com**

## Deutsche Bank

**Deutsche Bank**
Nach Bilanzsumme und Mitarbeiterzahl größtes Kreditinstitut Deutschlands, das aber schon einmal bessere Tage gesehen hat. Macht Geschäfte mit Unternehmen, Privatpersonen und verwaltet Vermögen. Sitzt in Frankfurt und beschäftigt weltweit 82.969 Mitarbeiterinnen, davon 36.000 in Deutschland.
**Personal:** Michael Ilgner
**Marketing:** Tim Alexander
**Kommunikation:**
Jörg Eigendorf
**careers.db.com**

**Deutsche Bundesbank**
Staatliche Zentralbank, die zusammen mit anderen nationalen Zentralbanken und der Europäischen Zentralbank den Euro stabil halten soll. Bringt über ihre Filialen das Bargeld in Umlauf, überwacht den Zahlungsverkehr von Konto zu Konto und

beaufsichtigt die Banken in Deutschland. Hauptsitz ist Frankfurt.
**Personal:**
Diana Rutzka-Hascher
**Kommunikation:**
Michael Best
**bundesbank.de/de/karriere**

##  EUROPÄISCHE ZENTRALBANK

**Europäische Zentralbank**
Gemeinsame Zentralbank der EU-Mitgliedstaaten. Unterstützt von den nationalen Zentralbanken, verwaltet sie den Euro, gibt Banknoten aus und soll für stabile Preise sorgen. An ihrem Sitz in Frankfurt arbeiten gut 2.500 Mitarbeiterinnen aus ganz Europa.
**Personal:**
Eva Murciano Sánchez
**Kommunikation:**
Wolfgang Proissl
**ecb.europa.eu/careers/html/index.de.html**

## HypoVereinsbank

**HypoVereinsbank**
Das Finanzinstitut mit Sitz in München gehört seit 2005 zur italienischen UniCredit. Die Bankengruppe hat weltweit 15 Millionen Privat- und Unternehmenskundinnen und ist außer in Italien und Deutschland vor allem in Zentral- und Osteuropa aktiv. Für die HypoVereinsbank arbeiten 11.400 Beschäftigte.
**Personal:**
Christoph Auerbach
**Marketing:** Dirk Huefnagels
**Kommunikation:**
Andrea Rexer
**www.hvb.de/karriere**

## ING 🦁

**ING**
Die Deutschland-Tochter der niederländischen ING Groep ist Direktbank-Pionier und -Primus in Deutschland. Konzentriert sich auf wenige und übersichtliche Produkte wie Spar- und Girokonten, Bau- und Verbraucherkredite. Hauptsitz in Frankfurt, Standorte in Hannover, Nürnberg und Berlin.
**Personal:**
Matthias Füssel
**Marketing und Kommunikation:**
Waltraud Niemann
**ing.jobs/deutschland/home.htm**

## KFW

**KfW Bankengruppe**
Die Kreditanstalt für Wiederaufbau ist eine Förderbank, die im Auftrag und unter Kontrolle des Bundes Privatpersonen und Unternehmen im Inland oder Entwicklungsprojekte im Ausland finanziert. Hat in Deutschland Standorte in Frankfurt, Berlin und Bonn und beschäftigt weltweit rund 7.300 Mitarbeiterinnen.
**Personal:** Robert Szwedo
**Marketing:** Birgit Spors
**Kommunikation:**
Michael Helbig
**kfw.de/Über-die-KfW/Karriere**

## N̄26

**N26**
Online-Bank mit Sitz in Berlin, die sich auf die Kontoführung per Smartphone spezialisiert hat. In 24 Ländern aktiv. Mit einem Marktwert von 7,7 Milliarden Euro das wertvollste deutsche Fintech-Unternehmen, zuletzt aber ins

Schlingern geraten. Gut sieben Millionen Kundinnen und 1.500 Mitarbeiter.
**Personal:** Timo Meyer
**Marketing:** David Zander
**Kommunikation:**
Alice Fleischmann
**n26.com/en/careers**

## 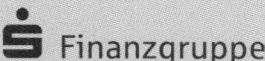 Finanzgruppe

**Sparkassen-Finanzgruppe**
Ist ein Verbund von 520 Unternehmen, darunter die rund 380 deutschen Sparkassen mit ihren 205.000 Mitarbeiterinnen sowie Landesbanken und Landesbausparkassen. Der Dachverband Deutscher Sparkassen- und Giroverband vertritt die Interessen der Gruppe.
**Personal:** Klaudia Strauch
**Marketing und Kommunikation:**
Christian Achilles
**sparkasse.de/karriere.html**

## TARGO✕BANK

**Targobank**
Düsseldorfer Bankhaus, das zur französischen Crédit-Mutuel-Gruppe gehört. Macht in Deutschland überwiegend Geschäfte mit Privatpersonen und hat insgesamt 3,6 Millionen Kundinnen. Betreibt 335 Filialen und beschäftigt 7.000 Mitarbeiterinnen.
**Personal:** Alexander Bohrer
**Produktmarketing:**
Christiane Vogt
**Kommunikation:**
Axel Bäumer
**jobs.targobank.de**

# 10 Versicherungen als Arbeitgeber

## Allianz
Börsennotierter Versicherungskonzern mit Sitz in München. Bedient 126 Millionen Kundinnen in über 70 Ländern. Besonders stark im Geschäft mit Schaden- und Unfallversicherungen sowie mit Lebens- und Krankenversicherungen. Auch aktiv in der Vermögensverwaltung.
**Personal:** Stefan Britz
**Marketing:** Serge Raffard
**Kommunikation:** Lauren Day
**careers.allianz.com**

## Axa
Deutscher Ableger der Pariser Axa-Gruppe. Mit 7,3 Millionen Kundinnen und rund 8.400 Mitarbeiterinnen hierzulande einer der größten Versicherer. Bietet u.a. Renten-, Lebens- und Berufsunfähigkeits-, Kranken- und Unfallversicherungen an.
**Personal:** Sirka Laudon
**Marketing:** Stephanie Peterson
**Kommunikation:**
Dania Buchal
**axa.de/karriere**

## Debeka
Gehört zur Top Five der Versicherungs- und Bausparbranche in Deutschland. Ist spezialisiert auf Privatpersonen sowie kleine und mittelständische Betriebe. Größte Säule sind Kranken- und Lebensversicherungen. Unternehmenssitz ist Koblenz.
**Personal:** Jörg Probstfeld
**Marketing:** Johannes Uleer
**Kommunikation:**
Gerd Benner
**debeka.de/unternehmen/ Karriere**

## ERGO

### Ergo
Große Versicherungsgruppe aus Deutschland mit Sitz in Düsseldorf, in 26 Ländern präsent, mit weltweit 37.300 Mitarbeiterinnen und Vertrieblerinnen. Besonders stark bei Kranken-, Unfall- und Lebensversicherungen. Gehört zum Rückversicherer Munich Re.
**Personal:** Lena Lindemann
**Marketing:** Imke Jendrosch
**Kommunikation:**
Oliver Zilcher
**ergo.com/de/Karriere**

## hannover **re**

### Hannover Rück
Ist der drittgrößte Rückversicherer der Welt, versichert also andere Versicherungen. Beschäftigt 3.000 Mitarbeiterinnen in weltweit 170 Tochtergesellschaften, Niederlassungen und Repräsentanzen. Gehört zum Versicherungskonzern Talanx.
**Personal:** Connie Demmel
**Kommunikation/ Brandmanagement:**
Oliver Süß
**hannover-rueck.de/7518/ karriere**

## HUK-COBURG

### Huk-Coburg
Größter deutscher Autoversicherer mit rund 13,4 Millionen versicherten Fahrzeugen und 12 Millionen Kundinnen. Daneben u.a. Haftpflicht-, Hausrat- und Krankenversicherungen. Knapp 10.000 Mitarbeiterinnen. Zählt mit HUK24 auch zu den führenden Online-Anbietern von Versicherungen.
**Personal:** Helen Reck
**Marketing:** Jörg Quehl
**Kommunikation:**
Kerstin Bartels
**huk.de/karriere.html**

## Munich RE

### Munich Re
Das Unternehmen mit Sitz in München gilt als größter Rückversicherer der Welt. Weitere Geschäftsfelder sind der Vermögensverwalter Meag und der Versicherer Ergo. Im Konzern arbeiten gut 39.000 Mitarbeiterinnen.
**Personal:**
Anne-Sylvie Catherin
**Kommunikation:**
Andreas Lampersbach
**munichre.com/de/karriere. html**

## R+V

### R+V
Steht für Raiffeisen- und Volksbanken Versicherung, ist eine der größten deutschen Versicherungen und sitzt in Wiesbaden. Mit Produkten für Privat- und Unternehmenskundinnen. Auch aktiv im Immobiliengeschäft. Beschäftigt rund 16.700 Mitarbeiterinnen.
**Personal:** Julia Merkel
**Kommunikation:**
Hermann-Josef Knipper
**Marketing:** Anja Stolz
**ruv.de/karriere**

## VER SICHER UNGS KAMMER BAYERN

### Versicherungskammer Bayern
Lebens-, Unfall-, Kranken- und Reiseversicherungen für Kommunen, Privatpersonen, Unternehmen und Landwirtinnen in Bayern und der Pfalz. Ist auch eine von elf Teilgesellschaften und Muttergesellschaft des Konzerns Versicherungskammer. Unternehmenssitz ist München.
**Personal:** Jens Lauber
**Marketing:** Stefan Weller
**Kommunikation:**
Claudia Scheerer
**vkb.de/content/ueber-uns/ karriere**

##  ZURICH

### Zurich Deutschland
Deutsche Tochter der weltweit tätigen Zurich Insurance Group aus der Schweiz. Hat hierzulande rund 8 Millionen Kundinnen und spielt im Geschäft mit Schaden- und Lebensversicherungen vorne mit. Sitzt in Frankfurt und beschäftigt 4.400 Mitarbeiterinnen.
**Personal:** Uwe Schöpe
**Marketing:** Monika Schulze
**Kommunikation:**
Bernd O. Engelien
**zurich.de/de-de/ueber-uns/ ihre-karriere**

# 10 Dienstleister als Arbeitgeber

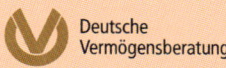

**Deloitte**
Gehört zu den international führenden Wirtschaftsprüfungsunternehmen, den „Big Four". Weitere Leistungen sind u.a. Risiko-, Steuer- und Finanzberatung. Ist in mehr als 150 Ländern tätig und beschäftigt gut 345.000 Mitarbeiterinnen, davon 9.300 in Deutschland.
**Personal:** Holger Richmann
**Marketing:** Jens Krisinger
**Kommunikation:**
Mathias Brandes
**https://jobs.deloitte.de**

**Deutsche Börse Group**
Liefert Marktinformationen wie den DAX, IT und weitere Dienstleistungen, um den Börsenhandel abzuwickeln. Organisiert an ihrem Stammsitz in Frankfurt selbst die Börse und betreibt weitere Handelsplattformen. Mit Niederlassungen in Europa, den USA und Asien.
**Personal:** Heike Eckert
**Marketing und Kommunikation:** Ingrid Haas
**karriere.deutsche-boerse.com**

Deutsche Vermögensberatung

**Deutsche Vermögensberatung**
Mit rund 5.200 Direktionen und Geschäftsstellen nach eigenen Angaben Deutschlands größte eigenständige Finanzberatung. Hegt und mehrt das Vermögen von acht Millionen Kundinnen. 1975 von Reinfried Pohl gegründetes und heute von seinem Sohn Andreas Pohl geführtes Familienunternehmen mit Sitz in Frankfurt.
**Personal:** Andreas Franken
**Marketing:** Robert Peil
**Kommunikation:**
Maria Mohr
**dvag.de/dvag/karriere.html**

 MAMBU

**Mambu**
Verschwiegenes Startup aus Berlin, das Software für Banken und andere Finanzdienstleister entwickelt. Gehört zur erlesenen Gruppe der deutschen Fintech-Einhörner und wurde zuletzt mit fast 5 Milliarden Euro bewertet. Beschäftigt mittlerweile 800 Mitarbeiterinnen.
**mambu.com/careers**

 MLP

**MLP**
Finanzvertrieb aus Wiesloch bei Heidelberg. Vermittelt unter anderem Versicherungen und Geldanlage-Produkte anderer Unternehmen. Spezialisiert auf Akademikerinnen, insbesondere auf Ärztinnen, Juristinnen, Ingenieurinnen und Wirtschaftswissenschaftlerinnen. Bei der Kundenakquise sehr aktiv an Hochschulen.
**Personal:** Angelika Zinkgräf
**Marketing:** Thomas Freese
**Kommunikation:**
Frank Heinemann
**mlp-se.de/karriere**

**Raisin DS**
Milliarden-Fintech, das vor einem Jahr aus der Fusion der Konkurrenten Raisin und Deposit Solutions hervorgegangen ist und jetzt vor allem im Ausland wachsen will. Über die Plattform Weltsparen können Kundinnen in Deutschland Festgeld- und Tagesgeldkonten bei Banken im europäischen Ausland eröffnen.
**Personal:** Lea Schröder
**Marketing:**
Burkhard Henn
**Kommunikation:**
Paul Wolter
**raisin.com/careers**

schufa

**Schufa**
Wer einen Kredit will, kommt an ihr nicht vorbei: Die Schutzgemeinschaft für allgemeine Kreditsicherung in Wiesbaden ist die führende Bonitätsauskunftei in Deutschland. Sammelt und vermarktet Informationen zur Kreditwürdigkeit von Privatpersonen und Unternehmen. Hat sich jetzt mehr Transparenz verordnet.
**Personal**: Brigitte Reiß
**Marketing:** Ralf Ziebula
**Kommunikation:**
Robert von Heusinger
**schufa.de/ueber-uns/karriere**

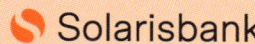 Solarisbank

**Solarisbank**
Bietet anderen Unternehmen eine White-Label-Lösung an: Mit Hilfe der Berliner Bank können sie zum Beispiel Kredite vergeben oder Konten anbieten, ohne selbst eine Banklizenz zu haben. Sieht sich als Technikunternehmen und beschäftigt rund 400 Mitarbeiterinnen.
**Personal:** Stephanie Frenzel
**Marketing und Kommunikation:** Baha Jamous
**solarisbank.com/de/careers**

TRADE REPUBLIC

**Trade Republic**
Schwer angesagtes Startup mit Sitz in Berlin, das den Handel mit Wertpapieren und Kryptowährungen via App und Website anbietet. Der Handy-Broker wirbt mit günstigen Konditionen für sich. Hat eine Milliardenbewertung und somit Einhorn-Status.
**Personal:** Sarina Hergarten
**Marketing:**
Juan Bongiovanni
**Kommunikation:**
Svenja Hoya
**traderepublic.com/careers**

wefox

**Wefox**
Berliner Versicherungs-Startup. Bezeichnet sich selbst als Europas größtes InsurTech-Unternehmen, was für „Insurance" und „Technology" steht. Über eine Online-Plattform können Kundinnen ihre Versicherungen verwalten und Makler Policen anbieten.
**wefox.com/de-de/karriere**

# 10 Bücher

die uns finanzschlau machen

### Lizenz zur Anlage
Die „Börsen-Oma" Beate Sanders will ihren Leserinnen helfen „vieles richtig und wenig falsch zu machen". Ihr „Aktien- und Börsenführerschein" enthält die wichtigsten Tipps und Techniken, Musterdepots, Selbsttests und einen ausführlichen Frage-und-Antwort-Teil, um sicher an der Börse zu navigieren.

ISBN 978-3959722797

### Auf die leichte Tour
Wie man mehr aus seinem Geld herausholt und Risiken einschätzt, erklärt Jessica Schwarzer in „Einfach erfolgreich anlegen". Die ehemalige Börsenkorrespondentin des „Handelsblatt" zeigt, dass Geldanlage Spaß machen kann und glaubt, dass Nicht-Anlegen das größere Risiko ist.

ISBN 978-3864702853

### ETF-Schnellkurs
Mit einem selbstbewussten Titel liefern die Journalistin Mona Linke und der ehemalige Investmentbanker Thomas Kehl einen Schnellkurs zum Vermögensaufbau. Darin erklären die Macherinnen des YouTube-Kanals „Finanzfluss" einfach und für alle verständlich, welche Anlagen sich wirklich lohnen.

ISBN 978-3548065847

### Vom Tellerwäscher...
„Money-Coach" Bodo Schäfer hat eine Botschaft: Glück und Reichtum sind für jeden erreichbar. Schon seit den 90ern predigt er das in seinen Vorträgen, Kursen – und Büchern: In „Ein Hund namens Money" ist es ein verletzter Labrador, der eine Familie spielerisch aus ihrer finanziellen Misere befreit.

ISBN 978-3423349659

### Female Finance
Natascha Wegelin ermutigt ihre Leserinnen, sich mit ihren Finanzen auseinanderzusetzen. Das tut nämlich nur etwa jede zweite deutsche Frau. Mit Anekdoten vermittelt „Madame Moneypenny" die Grundlagen des Sparens und Investierens – unterhaltsam und interessant für alle Geschlechter.

ISBN 978-3499633744

### Frugales Leben
Eine frühe Rente muss auch für Normalverdienende kein Wunschtraum sein. Bewusst konsumieren, Ausgaben reduzieren und geschickt anlegen, um schnell finanziell unabhängig zu sein – das ist das Prinzip des Frugalismus. Florian Wagner zeigt in seinem Buch „Rente mit 40", wie es geht.

ISBN 978-3430210171

### Wahre Geschichte
Von dem reichen Vater seines besten Freundes lernt Robert T. Kiyosaki, besser mit Geld umzugehen als sein eigener Vater. Die wahre Geschichte des internationalen Bestsellers „Rich Dad, Poor Dad" zeigt die Prinzipien, nach denen jeder Erfolg haben und sein Geld für sich arbeiten lassen kann.

ISBN 978-3898798822

### Das Standardwerk
In „Souverän investieren mit Indexfonds und ETFs" erklärt Finanz-Grande Gerd Kommer die Theorie des passiven Investierens, ergänzt durch eine Website und ein Online-Tool für die praktische Umsetzung. Von dem immer wieder neu aufgelegten Standardwerk gibt es auch eine Variante für Einsteiger.

ISBN 978-3593508528

### Wie wir ticken
Gefühle sind in Geldfragen ein häufig unterschätzter Faktor. „Über die Psychologie des Geldes" von US-Investor Morgan Housel erzählt in 20 Kurzgeschichten davon, wie Menschen tatsächlich wichtige finanzielle Entscheidungen treffen. Spoiler: Meist nicht mithilfe einer Tabellenkalkulation.

ISBN 978-3959724432

### Geldwelt-Reiseführer
Bei Spiegel.de bringt Henning Jauernig jungen Menschen Finanzthemen nahe. Sein „Young Money Guide" führt einmal quer durch die Finanzwelt – von Alltagsgewohnheiten über Steuererklärung und Ehevertrag bis zur finanziellen Unabhängigkeit. Sein Credo: So kompliziert ist das alles nicht.

ISBN 978-3328104940

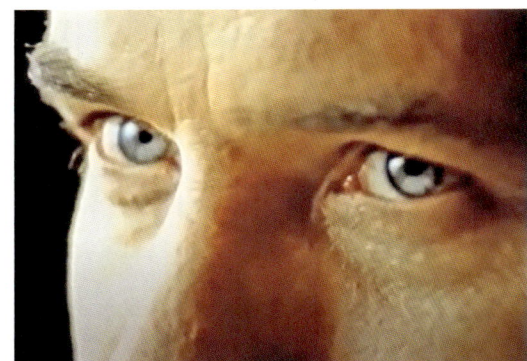

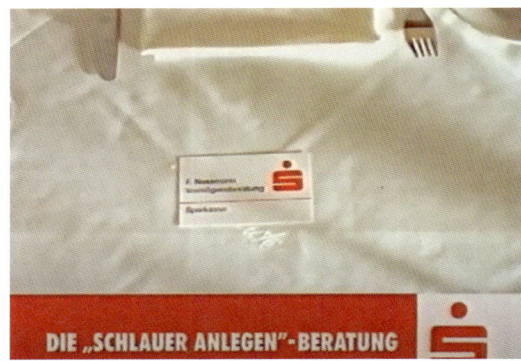

# Boot, Fuchs, Pferdeschwanz

Nur wenige Kampagnen rund ums Geld bleiben über Jahrzehnte im Gedächtnis
und überdauern Finanzkrisen und Inflation.
Sechs Markenexpertinnen erklären, was es dazu braucht

Protokolliert von Roland Karle

Den Slogan „Mein Haus, mein Auto, mein Boot" erfindet die Agentur Jung von Matt in den 90er Jahren. Die Werbung mit den ehemaligen Klassenkameraden Schober und Schröder wird Kult – und die Kampagne 2018 wiederbelebt. Mit selbstbewusster Nina, die Christoph im Rededuell unterbuttert

# Mal so richtig protzen

Die Sparkassen trumpfen groß auf mit „Mein Haus. Mein Auto. Mein Boot". Eine legendäre Kampagne, über die Börsen-Sprecherin **Ingrid Haas** heute nicht wirklich lachen kann

Es waren andere Zeiten. Man legte Fotos auf den Tisch, statt ein Handy herumzureichen oder die Smartwatch vorzuzeigen. Es waren die Neunziger, über die die Kolumnistin Sibylle Berg einmal sagte: „Die letzte Zeit, in der man noch an etwas Gutes glauben konnte. Die Zeit der Naivität. Unendlich fade. Aber irgendwie rührend."

Rührend ist auch das Wort, das mir in den Sinn kommt, wenn ich den fassungslosen Blick des präpotenten Herrn Schröder am Ende des Spots sehe. Ehemaliger Schulkamerad von Herrn Schober, dem Helden des ikonischen Werbespots der Sparkassen.

Da hat man sich gemüht, hat in der Schule hart gearbeitet, das an der Uni fortgesetzt und streicht jetzt im Berufsleben den verdienten Lohn ein. Die Neunziger waren auch deshalb fade, weil sie die Hoch-Zeit des Materialismus waren. Also ist der Lohn Besitz. Ach was: Besitztümer! Schwer zu toppen von einem Verlierer wie Herrn Schober. Glaubt Herr Schröder. Seiner selbst so sicher, so naiv in seinem Glauben an Leistung.

Aber Vorsicht: 1995 fängt die New Economy an zu blühen. Unzählige neue Firmen entstehen auf Basis der sich rasant verbreitenden neuen Technologien. Die brauchen Geld. Sie suchen es an der Börse, bei Privatanlegern. Die Wirtschaftsmagazine boomen. Zu sagen, dass die Anzeigenmärkte wachsen, ist eine Untertreibung. Lieschen Müller und Otto Normalverbraucher kaufen Anlegermagazine. Und belassen es nicht bei der Lektüre. Sie investieren. Das alles in einer wirtschaftlich durchaus angespannten Situation. Die Konjunktur ist 1993 nach dem Zwischenhoch durch die Wiedervereinigung eingebrochen. Die Arbeitslosigkeit steigt in bisher unbekannte Höhen. Lohnarbeit führt nicht mehr oder nicht mehr allein zu Wohlstand. Mehr ist erreichbar. Ziel ist nicht unbedingt Reichtum, vermögend aber will man schon sein.

Das Ende ist bekannt. Viele Menschen haben sehr viel Geld verloren und das Vertrauen in die Börse. Und die Finanzwirtschaft Reputation. Deshalb kann ich auch nicht wirklich über diese Kampagne lachen. Geblieben ist sie trotzdem. Nicht für ihre eigentliche Aussage, dass Wohlstand durch Geldanlage entsteht. Obwohl das heute mehr denn je zutrifft. Sondern sprichwörtlich als Ausdruck von Protzerei und Großmannssucht. Nicht von ungefähr nur mit dem ersten Trumpf. Nicht

mit dem Auftrumpfen. Denn der Sexismus, der in den heute zuweilen verklärten Neunzigern zu erleben war, der ist nicht mehr salonfähig.

2018 haben die Sparkassen den Spot dann auch wieder neu aufgelegt. Eine Frau lässt dort einen Mann in Sachen Geldanlage alt aussehen. Aber so legendär wie der Ursprungsspot ist die Nachfolgekampagne nicht geworden. Und im Zweifelsfall, um eine weitere ikonische Kampagne der Sparkassen zu zitieren, macht man dann eben doch was mit den Fähnchen. Das geht immer!

**Ingrid Haas**
ist Konzernsprecherin der Deutschen Börse AG und ehemalige Verlagsgeschäftsführerin der Gruner + Jahr Wirtschaftsmedien

# Kommunizieren ohne Bullshit

Die HypoVereinsbank macht ihren Kundinnen einen überzeugenden Vorschlag:
„Leben Sie, wir kümmern uns um die Details". Werber und Investor **Amir Kassaei** sieht darin
einen Meilenstein der Marketing-Geschichte

Für mich ist und bleibt „Leben Sie, wir kümmern uns um die Details" eine der besten Werbe- und Marketingkampagnen der Geschichte. Weil sie mit einer sehr einfachen, aber relevanten Erkenntnis und einer für Banken sehr ungewöhnlichen Tonalität eine Marke kommuniziert und positioniert. Die HypoVereinsbank schafft es, mit einer Botschaft im Gedächtnis des Publikums zu bleiben: Dass Banken dafür da sind, mein Leben besser und einfacher zu machen – wenn sie ihre Daseinsberechtigung als Beraterinnen in Finanzfragen ernst nehmen und die Kundschaft in den Mittelpunkt stellen.

Und der Kampagne gelingt noch etwas: Sie reduziert die Komplexität von Finanzkommunikation und räumt konventionelle Bullshit-Infos aus dem Weg. Die HypoVereinsbank spricht mit den Menschen einfach, ehrlich und auf Augenhöhe. Sie hat das Wesentliche verstanden: Das Wichtigste ist die Kundin, und die Bank wird alles daransetzen, ihr Finanzleben besser zu machen. Vom damals herrschenden Zeitgeist hat sich die Kampagne abgekoppelt. Ihr Versprechen ist zeitlos.

Dass es bis heute leider immer noch nicht von jeder Bank wahrhaftig eingelöst wird, ist ein anderes Thema. Zeigt aber: Die beste kreative Kommunikation bringt nichts, wenn das Produkt, die Dienstleistung und das Versprechen nicht gelebt werden.

Wie käme die Kampagne heute an? Ich glaube, die Idee, der Insight und die Tonalität würden genauso funktionieren wie Ende der 90er Jahre. Erst recht, weil die Zeiten noch komplexer und Finanzdienstleistungen noch unübersichtlicher geworden sind. Eine Bank, die sich dem wirklich widmen und die Herausforderung annehmen würde, hätte – auch dank der fortschrittlichen Technologie – einen riesigen Marktvorsprung vor allen anderen.

**Amir Kassaei**
ist Unternehmer und Investor, nach 30 Jahren in der Werbung. Zuletzt war er CCO von DDB Worldwide, New York

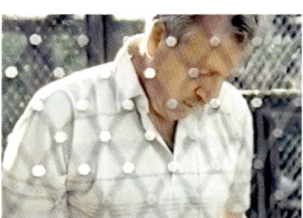  

 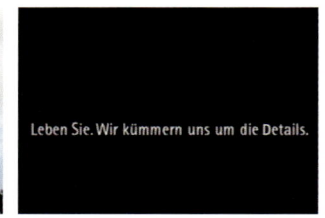 

Die HVB startet 1998 mit vielen träumerischen Symbolbildern. Zu Beginn eine reine Image-Kampagne, erst später kommt konkrete Produktwerbung hinzu

Einen Dino kaufen in Istanbul: Klappt sogar, wenn die American-Express-Karte daheim auf dem Schreibtisch liegt. Ogilvy & Mather hat „Bezahlen Sie mit Ihrem guten Namen" Mittte der 80er erdacht

# Vertrauen als Währung

„Bezahlen Sie mit Ihrem guten Namen" macht American Express in Deutschland bekannt. Mediaplus-Chef **Jochen Lenhard** gefallen die lebensnahen Geschichten der Kampagne

Papa, denkst du an den Dinosaurier?" fragt der Sohn bei der Verabschiedung. Einen Dino soll der Vater vom Businesstrip nach Istanbul mitbringen. Doch seine American-Express-Kreditkarte liegt noch auf dem Schreibtisch, sein Flug ist längst in der Luft. „Wir kümmern uns", versichert die Mitarbeiterin bei American Express der besorgten Ehefrau.

Die Geschichte ist nur eine von zahlreichen Story-Varianten: „Bezahlen Sie mit Ihrem guten Namen" zählt für mich zu einer der ganz großen Kampagnen der 80er und 90er – weil sie die Konsumentin in den Mittelpunkt stellt und nicht die Leistung. Kein Einzel-Spot, sondern eine Positionierung, die von Anfang an längerfristig gedacht war. Allerfeinstes Storytelling, Anlässe aus dem Leben gegriffen, Situationen, in die jeder geraten kann. Die lebensnahen Geschichten schaffen ein gutes Gefühl.

Der Geschäftsmann landet in Istanbul und sieht in der Ankunftshalle ein Schild mit seinem eigenen – guten – Namen. Die American-Express-Mitarbeiterin wartet mit der Ersatzkarte, noch ehe er den Verlust überhaupt bemerkt hat. Die Botschaft: Bei American Express wirst du nicht allein gelassen, wir kennen dich, bürgen für dich.

In den Spots geht es in erster Linie nicht um Geld, Vermögen, nicht einmal Kreditkarten. American Express ebnet damit trotzdem 1990 den Weg für ein gesamtes Produktsegment, als Kreditkarten in Deutschland noch alles andere als verbreitet sind. Erst 2018 haben die Kartenumsätze die mit Bargeld hierzulande überholt. American Express hat mit seiner konsequenten Markenbotschaft sicher dazu beigetragen: Bargeld ist überflüssig. Eine kleine Plastikkarte öffnet alle Türen, auch in einem fremden Land. Damit einher geht eine enorme Aufwer-

tung der Kundinnen: Ihr Name allein reicht, dass ein Kreditkartenanbieter für sie einsteht.

Das hat vor 30 Jahren gut geklappt – und die Mechanik dahinter funktioniert noch heute: Im digitalen Zeitalter, in dem wir mit unzähligen kleinen Botschaftsschnipseln gefüttert werden, besinnen sich immer mehr Marken auf emotionales Storytelling, das den Mensch statt des Produkts in den Mittelpunkt stellt, aber trotzdem den Wert des Beworbenen vermittelt. Und eine Sicherheit, wie sie der Dino-Spot ausstrahlt, gewinnt im Post-Corona-Zeitalter nochmal an Bedeutung.

**Jochen Lenhard** gehört zu den Urgesteinen der Mediabranche. Er ist Managing Partner der Mediaplus Gruppe

# Ganz schön schlau

Seit fast 50 Jahren prägt der neunmalkluge Bausparfuchs die Werbung
von Schwäbisch Hall. Marketing-Professor **Stephen Schuster** ist beeindruckt,
wie sich die Marke treu bleibt und zugleich immer wieder erneuert

Der erste Bausparfuchs ist ein ausgestopftes Tier mit Hornbrille und einem Bündel Geldnoten im Maul.
Die Einzelaktion stößt auf so positive Resonanz, dass der Fuchs zu einem der ältesten Markensymbole in der
deutschen Werbung wird. Hornbrille und der mahnend erhobene Zeigerfinger bleiben ein Markenzeichen
des neunmalklugen Pelztiers. Auch in diesem Spot aus den 70ern, in dem sich alle um gedruckte Nachrichten reißen – um sich die ganz selbstverständlich von einem Cartoon-Fuchs erklären zu lassen

Der schlaue Bausparfuchs der Marke Schwäbisch Hall betritt im Jahr 1975 erstmals die Bühne der Werbung. Seitdem hat er sie nicht mehr verlassen. Noch heute erklärt der Fuchs den deutschen Verbraucherinnen die Vorteile des Bausparens, wird aber im Verlauf der Zeit immer wieder behutsam visuell modernisiert und dem ästhetischen Zeitgeist angepasst.

Dieses Markenelement ist aber nur eins von vielen, das Schwäbisch Hall erfolgreich seit Jahren einsetzt. Bereits 1956 wird das einprägsame Symbol der vier Bausteine als Sinnbild für die Werte Sicherheit, Vertrauen, Kompetenz und Zuverlässigkeit eingeführt. Werte, die auch heute noch eine hohe Relevanz besitzen.

Nur wenige Jahre später folgt der dazu inhaltlich abgestimmte Slogan „Auf diese Steine können Sie bauen". 1984 wird der Satz mit einem Jingle vertont, die Melodie kann bis heute fast jede mitsum-

men. Die Markenfarben Gelb und Rot runden das effektive Branding ab. Das Ergebnis dieser Markenkommunikation sind Kennzahlen, die das Herz jeder Markenverantwortlichen höherschlagen lassen: 87 Prozent der Deutschen kennen das Markensymbol mit den vier Steinen. Den Slogan verbinden 89 Prozent mit Schwäbisch Hall. Und neun von zehn Befragten kennen den Bausparfuchs.

Auch inhaltlich ist sich die Marke immer treu geblieben. War die Werbung in den 70ern und 80ern noch stark auf das Einfamilien-Eigenheim fokussiert, so dreht sich die Kommunikation heute weniger um Mauern und Dächer, sondern vielmehr um Glück und Geborgenheit. Seit über einem Jahrzehnt bildet der Begriff „Heimat" die kommunikative Plattform der Marke und thematisiert die Sehnsüchte der Menschen im Kontext ihrer Immobilie. Im Kern steht immer noch der Wunsch der Menschen nach den eigenen vier Wänden, in denen man sich wohl-

fühlt. Diese inhaltliche Klammer umfasst auch neuere Zielgruppensegmente wie die Modernisierer einer Immobilie.

Mit einer exzellent integrierten Markenkommunikation schafft es Schwäbisch Hall, sich über all die Jahre als relevantes Finanzprodukt nachhaltig zu etablieren und ist heute Deutschlands größte Bausparkasse. Der Fuchs ist also auch beim Thema Werbung richtig schlau.

**Stephen Schuster**, ehemals Marketingchef von WMF, lehrt als Professor im Studiengang Werbung und Marktkommunikation der Hochschule der Medien in Stuttgart

# Dirkules ist ein Traum

Die Direktbank ING und ihr Testimonial Dirk Nowitzki führen eine Vorzeige-Beziehung: ausdauernd, glaubhaft, gemeinsam wachsend. Marktforscher **Markus Küppers** fragt sich trotzdem, ob die Story auch in der Generation Z verfängt

Die Partnerschaft von Dirk „Dirkules" Nowitzki und der ING fühlt sich nach rund 20 Jahren immer noch gut an. Als Testimonial ist Dirk ein Traum, sein unprätentiöser und sympathischer Charakter färbt stark auf die ING ab. Gerade weil sich Banken schon immer dem Verdacht der Lebensferne und Arroganz ausgesetzt haben, muss Sympathie für sie eines der Hauptziele ihrer Kommunikation sein. Anders als bei Gottschalk und Haribo hat sich die Partnerschaft mit Nowitzki im Laufe der Zeit nicht abgenutzt – weil er sich verändert hat. Wirkte der Basketballstar früher reichlich hölzern, kommt er in der ING-Kommunikation gerade in den letzten Jahren relaxter und facettenreicher rüber. Möglicherweise ein Nebeneffekt seines Exits aus dem Profisport.

Auch die Kommunikationsstrategie hat sich geändert. Nach dem Abschneiden alter Dibadu-Zöpfe setzt die ING auf noch mehr Nähe zur Zielgruppe. Die unterhaltsamen Storys drehen sich darum, dass man „sein Ding" machen soll (#dukannst)

– eine Botschaft, die in unserer Zeit auf fruchtbaren Boden fällt. Vor allem bei Kundinnen, die die Verantwortung für ihr Leben nicht delegieren wollen und wissen, dass absolute Erfolgsversprechen unrealistisch sind. Gerade bei Geld und Vorsorge, noch mehr in Krisenzeiten, die die Zukunft fast unplanbar machen. Das Enabling-Versprechen ist besonders glaubhaft mit Dirk, der den Tellerwäscher-Millionärs-Mythos geradezu verkörpert.

Allerdings setzt sich die Kampagne dem Verdacht aus, diese sehr relevante „Du kannst"-Botschaft durch ihre Exekution zu relativieren, wenn sich zum Beispiel Dirk eher weniger erfolgreich an rhythmischer Sportgymnastik oder Dudelsackspielen versucht. Und: Eben weil die Verlinkung zwischen #dukannst und Finanzen der gelungene strategische Rahmen für die Kampagne ist, muss es noch mehr gelingen, auch Produktbotschaften mit #dukannst besser zu verzahnen.

Das führt uns zu einer wichtigen Herausforderung: der Generation Z. Ein nicht kleiner Teil davon sind die

„Welpen der Wall Street". Die warten nicht auf irgendwen, sondern gestalten beim Online-Trading die eigene finanzielle Zukunft mit dem Ziel, ordentlich Rendite zu machen. Manche träumen davon, nicht mehr bis ins hohe Alter zu arbeiten. Nun ist die Frage natürlich, welche Finanzmarken diese Zielgruppe grundsätzlich attraktiv findet.

Die ING hat da mit dem neuen Claim und der #dukannst-Kampagne auf das richtige Pferd gesetzt. Jetzt geht darum, was Dirk und seine Story der jungen Generation über die ING als Marke sagen werden. Das ist eine herausfordernde Aufgabe. Eine Dirkules-Aufgabe.

**Markus Küppers** ist Geschäftsführer des Strategie- und Marktforschungsinstituts September. Der Experte für Emotionsforschung ist außerdem Co-Autor des Buches „How to kill your brand"

In der Metzgerei, im Taxi oder wie hier beim Krabbenbrötchen-Kauf: Die ING (früher: ING Diba) hat mit Sportstar Dirk Nowitzki 2003 eine Werbefigur für die Ewigkeit geschaffen. Mit dem Werbespot-Jingle „Diba-du" setzt die Bank auch ein akustisches Ausrufezeichen, das sie 2021 allerdings verstummen lässt

# Provokation mit Pferdeschwanz

McDonald's-Sprecher **Markus Weiß** beeindruckt die Frauenfußball-Kampagne der Commerzbank

Wir brauchen keine Eier. Wir haben Pferdeschwänze." Mal ehrlich, wer hätte hinter diesem Spruch eine Traditionsbank mit 150-jähriger Geschichte vermutet? Die Agentur thjnk positioniert die Commerzbank in einer Diskussion mit gesellschaftlicher Relevanz – bis heute.

An Spot und Spruch erinnern sich manche vielleicht sogar mehr als an das Turnier selbst. Zusätzlich bleibt bei mir ein Gefühl zurück. Man(n) fragt sich automatisch, warum Frauen- nicht den gleichen Stellenwert hat wie Männer-Fußball. Hört die Liebe zum Sport etwa

**Markus Weiß,** studierter Medien- und Kulturwissenschaftler, ist Unternehmenssprecher von McDonald's

da auf, wo kein Mann kickt? „Weißt du eigentlich, wie ich heiße?" Von der Einstiegsfrage an rollt sich die Welle der Selbstanalyse auf. In einer hektischen Werbewelt mit vielen weichgespülten Botschaften rüttelt dieser Spot wach. Wenn über die eigentliche Botschaft hinweg ein Gefühl entsteht und ein innerer Dialog ausgelöst wird, haben Kreative und Marke gemeinsam etwas richtig gemacht.

Auch klar: Dieser Spot ist definitiv kein klassischer Banken-Spot. Hier gibt es kein „Hallo, Herr Kaiser", kein Fuchs wirbt fürs Eigenheim. Es geht um eine starke Message abseits des Markenkerns. Das funktioniert trotzdem, denn die Leute wissen auch so, für was die Commerzbank als bekannte Brand steht. Sie zeigt sich als „Bank an eurer Seite" und stärkt damit über Bande das Kerngeschäft. Mit der richtigen Botschaft und einer klaren Haltung sorgt man nicht nur für Gesprächsstoff, man punktet an der richtigen Stelle. Wie es heißt, soll

die Kampagne mehrere zehntausend Neukundenzugänge gebracht haben.

Die Commerzbank muss sich nicht vorwerfen lassen, hier als Außenstehende mit dem mahnenden Finger auf ein Thema zu zeigen. Das Bankhaus ist selbst seit Jahren Sponsor der DFB-Frauen-Nationalmannschaft. Daher ist ein Spot wie dieser absolut authentisch.

Die Systematik dahinter würde auch heute noch bedingungslos funktionieren: Aufmerksamkeitsstarke Kampagnen brauchen starke Lines, und die sind hier absolut gegeben. Die Diskussion um Gleichberechtigung dauert ebenfalls an. Der Sport als verbindendes Element hat dabei eine immense Kraft, denn Teams und Sportlerinnen sind immer auch ein Spiegel der Gesellschaft. Nutzen wir die allumfassende Begeisterung für den Kern, den Sport an sich, erleichtert das uns als Gesellschaft die Auseinandersetzung mit Themen drumherum, wie Gender, Herkunft oder Sexualität.

Zur Fußball-WM der Frauen 2019 geht einer der erfolgreichsten Werbekampagnen des Jahres on Air. Zusammen mit den DFB-Frauen provoziert die Commerzbank mit dem Spruch „Wir brauchen keine Eier, wir haben Pferdeschwänze"

# Was würden Sie sagen, wenn jemand behauptet, dass die richtige Papierwahl gut für unsere Waldbestände ist?

Wir alle wissen, dass gesunde Wälder für die Zukunft unseres Planeten unverzichtbar sind. Für Papier werden jedoch Bäume gefällt - das kann also nie gut sein, nicht wahr?

Falsch.

Werden gesunde Wälder nachhaltig bewirtschaftet, bleiben zahlreiche Ökosysteme erhalten, die auch kommenden Generationen als wichtige Kohlenstoffsenken dienen können.

Liefern diese Waldgebiete Holzfasern an verantwortungsvolle Papierhersteller wie Sappi,  wird dafür gesorgt, dass die Wälder gesund bleiben und wachsen – dadurch rückt echte Nachhaltigkeit für alle Geschäftspartner in den Fokus.

**Achten Sie auf Zertifizierungen wie FSC™\* und PEFC\*\* – und tragen Sie durch Recycling zum Aufbau einer kreislauforientierten, biobasierten Wirtschaft bei.**

**Holen Sie sich Ihr Planet Positive Magazin für mehr Infos.**

\*   FSC™ N003159
\*\* PEFC/01-44-43

**sappi**

# 33 Finanz - Fragen an 33 kluge Köpfe

Anstelle einer Antwort zunächst zwei weitere Fragen: Können Frauen oder Männer besser Autos reparieren? Und können Frauen oder Männer besser Haare schneiden? Die Antwort auf diese Fragen wird bei vielen Menschen davon geprägt sein, dass sie im Alltag Männer häufiger in Autowerkstätten und Frauen häufiger in Friseursalons beobachten. Die Geldanlage wird hierbei eher in der Autowerkstatt als im Friseursalon Thema: Am Kapitalmarkt sind nach wie vor überwiegend männliche Investoren tätig und auch in Privathaushalten werden Finanzentscheidungen häufiger von Männern als von Frauen getroffen. Folgt daraus, dass Männer einfach besser mit Geld umgehen können?

Nein. Männer kommen aber früher mit dem Thema Geldanlage in Berührung als Frauen und es erscheint ihnen deshalb vielleicht natürlicher, sich auch im Erwerbsleben damit zu befassen. Frauen lernen hingegen häufig, dass das Thema Geldanlage eines ist, das unter Männern besprochen wird. Sei es in der Familie oder auch im Rahmen der traditionellen Finanzberatung, bei der sich die zumeist männlichen Berater in Fachgespräche mit dem Ehemann vertiefen und die Frau als schmuckes Beiwerk daneben sitzt und nicht aktiv in das Beratungsgespräch eingebunden wird.

Der wesentliche Unterschied zwischen den Geschlechtern beim Umgang mit Geld besteht darin, dass Frauen nicht aktiv mit ihrem Geld umgehen, sondern es passiv auf dem Girokonto liegen lassen. Bei der aktuellen Inflationsrate wird es ihnen wie Sand durch die Finger zerrinnen und beim Eintritt in die Rente fehlen. Werden Frauen jedoch aktiv und investieren, erzielen sie im Durchschnitt dieselben Renditen wie Männer. Während Männer häufiger extrem positive oder negative Renditen erwirtschaften, liegen die zumeist risikoaverseren Frauen überwiegend im Mittelfeld.

Mein Appell an alle Frauen: Geldanlage ist kein Männerthema. Ihr könnt es genauso gut wie die Männer und solltet Euch unbedingt damit beschäftigen. Los geht's!

# 1 | Können Frauen oder Männer besser mit Geld umgehen, Alexandra Niessen-Ruenzi?

**Alexandra Niessen-Ruenzi**
forscht am Lehrstuhl für Corporate Governance der Uni Mannheim zu geschlechtsspezifischen Unterschieden an Finanzmärkten

**Nils Minkmar** ist Historiker und Publizist, schreibt u.a. für die „Süddeutsche Zeitung"

# 2 | Warum sind die Deutschen so besessen vom Geld, Nils Minkmar?

Die deutsche Sache mit dem Geld ist keineswegs rational, obwohl das Thema als vernunftgesteuert, informationsgetrieben und objektiv verhandelbar eingeschätzt wird. Ein deutscher Staatsmann wie Helmut Kohl, der persönlich nicht auf das große Geld aus war, versank in einem Skandal, weil er meinte, politische Sicherheit mit schwarzen Kassen garantieren zu müssen. Gerhard Schröder verlor seinen guten Ruf auf der Suche nach Geld, in diesem Falle aus den Kassen Putins. Beide Männer agierten im Rahmen einer Kultur, in der finanzielles Kapital gleichbedeutend ist mit einem Schutz vor der Geschichte.

Das Geld fuhr nach dem Zweiten Weltkrieg in die Seele der Deutschen. Die Menschen waren dem Tod von der Schippe gesprungen und misstrauten so ziemlich allem. Die deutschen Verbrechen und die Tatsache, dass Deutschland den Krieg verloren hatte, untergruben jede verlässliche weltanschauliche Orientierung. Es gab nur noch die D-Mark und die spukenden Geschichten aus der Zeit der Hyperinflation. Damit, so der von der Geschichtswissenschaft längst widerlegte, aber immer noch weiter erzählte Schluss, habe das Unglück angefangen,

dass Geld nichts mehr wert gewesen sei. Bei der Wiedervereinigung war diese Gemeinsamkeit durchaus ein wichtiger Faktor. Die Menschen in der ehemaligen DDR hatten weltanschaulich sicher manche Differenzen zu ihren Brüdern und Schwestern im Westen, aber den Wert stabilen Geldes sahen auch sie. Es ist in dieser postmodernen, postideologischen und nicht mehr besonders religiösen Welt die eine Größe, auf die sich alle einigen können.

Wenn gutverdienende KollegInnen über ihre Aktien und Immobilien reden, befremdet sie der Hinweis, dass den meisten Menschen eher die Lebenszeit ausgeht als das Geld. Auf Gesten der Großzügigkeit folgen oft nagende Selbstzweifel: Hält man mich nun für einen Angeber, wenn ich einfach so das Mittagessen zahle, ganz ohne Steuerbeleg? Wenn ich Geld an andere in der Familie überweise, die weniger haben – nehmen die mir das vielleicht übel?

Das deutsche Geld ist symbolisch völlig überfrachtet. Besessenheit nannte man in der Vormoderne die Heimsuchung einer Seele durch Dämonen – höchste Zeit, diesen Komplex mit den Mitteln der Kultur aufzuklären.

# 3 | Was ist brotloser als Kunst, Mon Muellerschoen?

Ganz ehrlich: Ich denke immer noch. Ich zermartere mein kleines Hirn. Ich bräuchte viel mehr Rechenleistung, um eine Lösung zu finden. Sie fragen mich: „Was ist brotloser als Kunst?" Und ich frage mich seither: Wieso konnten Sie diese Frage nicht andersherum stellen, quasi auf dem Kopf – wie ein Werk von Georg Baselitz! Von Strafzettel schreiben, Beine röntgen, bis Brot backen – alles ist brotvoller als die Kunst, leider.

Klar, es gibt die wenigen Ausreißer wie Anselm Kiefer und Gerhard Richter. Eben die wenigen, die es geschafft haben und mit ihrer Kunst Millionen verdienen. Dabei verdient der Durchschnittskünstler etwas mehr als 10.000 Euro – im Jahr, wohlgemerkt. In den Corona-Jahren erlebte ich viele junge Künstler, die am Existenzminimum mäanderten. Nebenjobs wie Kellnern? Ausgesetzt. Corona-Hilfen? Dafür waren viele nicht berechtigt, weil sie während der Akademiejahre keine Umsätze hatten.

Aber: Künstler haben keine Wahl. Sie sind getrieben. Sie müssen tun, was sie tun, ohne Rücksicht. Egal, ob mit oder ohne Brot. Und genau aus diesem Grund sollten wir sie alle unterstützen, weil sie unsere Gesellschaft voranbringen und bilden, weil sie unser Leben intensivieren. Künstler sind ein eminent wichtiger Faktor. Sie sind Seismografen und sie veranschaulichen gute wie schlechte Entwicklungen frühestmöglich. Deshalb meine Forderung an alle: Kauft Kunst!

**Mon Muellerschoen** ist Kunstberaterin und schreibt eine Kunst-Kolumne in der „Bunten"

## 4 | »Zeit ist Geld«: stimmt das, Rainer Esser?

Zeit ist viel zu wertvoll, als dass man sie mit Geld aufwiegen könnte.

**Rainer Esser** ist ist Chef des Zeitverlags

## 5 | Was ist wichtiger als ein dickes Gehalt, Petra von Strombeck?

Für mich gibt es tatsächlich eine Menge Dinge, die wichtiger und bedeutender sind. Was nützt ein noch so gutes Gehalt, wenn man krank ist oder ein unerfülltes Privatleben hat? Darum stehen bei mir auf jeden Fall Gesundheit, Familie und Freunde immer an erster Stelle. Auch im Berufsleben ist Geld zwar schön, aber bei weitem nicht das Wichtigste. Wie so viele Menschen verbringe ich einen Großteil meiner Zeit im Job – wenn der mir Freude macht und mich gelegentlich sogar mit Stolz erfüllt, ist mir das persönlich wichtiger als die Entlohnung.

Viele Arbeitsverhältnisse basieren nach wie vor auf dem Verständnis, dass der monetäre Ausgleich die wesentliche Motivation für Arbeitsleistung sei. Mehr Gehalt bedeutet mehr Motivation, bedeutet mehr Glück, so ist die landläufige Annahme. Selbstverständlich ist ein gutes Gehalt ein wichtiger Faktor, doch Themen wie Spaß und Selbstverwirklichung bei der Arbeit haben enorm an Bedeutung gewonnen. Auch die Stimmung im Team und Flexibilität bei den Arbeitszeiten und -orten spielen für immer mehr Menschen eine entscheidende Rolle bei der Auswahl ihres Jobs.

Laut einer repräsentativen Xing-Studie wäre jeder zweite Arbeitnehmer sogar bereit, für eine erfüllende Tätigkeit oder eine gesellschaftlich verantwortungsvolle Aufgabe auch weniger zu verdienen. Diese Haltung findet sich übrigens besonders häufig in der Generation Y: Ein Drittel der 36- bis 45-Jährigen in Deutschland, Österreich und der Schweiz gab

an, mehr Wert auf den Sinn in ihrer Arbeit zu legen als auf das Entgelt. Noch eine interessante Zahl: Auf die Frage, was sich die Xing-Nutzer am meisten für das Jahr 2022 wünschen, antworteten 41 Prozent: einen Job, in dem sie glücklich sind. Anders ausgedrückt: Das alte Sprichwort, dass Geld allein nicht glücklich macht, trifft insbesondere im Arbeitsleben zu.

**Petra von Strombeck** ist Vorstandschefin der New Work SE, dem Unternehmen hinter dem Business-Netzwerk Xing

# Kapitale Fragen an **Marianne Heiß\***

**\*Marianne Heiß**
ist CEO der deutschen BBDO-Gruppe und Aufsichtsrätin bei Volkswagen, Audi und Porsche

**Der beste Geld-Rat meiner Eltern**
Sie haben mir früh beigebracht, wie gutes Haushalten funktioniert. Ich habe zum Beispiel schon in meinen frühen Jugendjahren einen Betrag pro Monat auf ein eigenes Konto überwiesen bekommen, von dem ich unter anderem Lese- und Schulbücher, Schallplatten und meine Kinobesuche finanzieren musste. Heißt: Wenn ich nicht aufgepasst habe, konnte ich mir am Ende des Monats nichts mehr leisten. Diese Eigenverantwortung mochte ich und habe ich sehr geschätzt.

**Damit habe ich mein erstes Geld verdient**
Als Zeitungsmädchen: Ich habe als Schülerin Werbezeitschriften ausgetragen.

**Meine erste große Anschaffung**
Eine Schallplatte von Eros Ramazzotti, die ich heute, 36 Jahre später, noch besitze.

**Mein kuriosester Aushilfsjob**
Ich habe in den Sommerferien am Band in einem Sägewerk gearbeitet, in dem Holzkisten für Obst und Gemüse hergestellt wurden. Eine körperlich sehr schwere Arbeit, dafür mit sehr gutem Verdienst. In den acht Wochen Sommer-

ferien in Österreich konnte ich so in den ersten vier Wochen stets gutes Geld verdienen.

**Ich könnte mein Geld auch verdienen als**
Alles, was mit Menschen und Dienstleistung zu tun hat.

**Die beste Investition meines Lebens**
Meine Passion zum Beruf gemacht zu haben und heute für tolle Unternehmen und Marken arbeiten zu können.

**Die schlechteste**
Ich habe früh gemerkt, dass sich kurzfristige beziehungsweise kurzlebige Investitionen nicht lohnen. Ich schätze es sehr, wenn Ideen, Projekte und Dinge langlebig sind und in zehn oder 20 Jahren noch einen Wert besitzen können.

**Die schönste Art Geld auszugeben**
Anderen eine Freude zu machen.

**Wichtiger als Geld ist**
Die Gesundheit! Und das Glück, mein Leben mit so vielen großartigen und inspirierenden Menschen im Privat- und Berufsleben teilen zu dürfen.

## Kapitale Fragen an **Virginie Briand***

**Der beste Geld-Rat meiner Eltern**
Meine Mutter hat mir bereits früh mitgegeben: Als Frau musst du immer unabhängig bleiben und dein eigenes Geld verdienen. Sie hatte Recht.

**Damit habe ich mein erstes Geld verdient**
Zeitungen austragen. Das war anstrengend und schön zugleich. Anstrengend, weil a) ich sehr früh arbeiten musste und b) ich die Zeitungen damals kaufen und verkaufen, also in Vorleistung gehen musste.

Eine Art Crashkurs im Unternehmertum. Zudem ist das Fahrrad immer umgekippt, weil die Zeitungen so schwer waren. Aber es war auch schön, da ich schon früh mit Titelblättern und -storys in Berührung kam.

**Meine erste große Anschaffung**
Ein tintenblauer Ford Fiesta

**Mein kuriosester Aushilfsjob**
Das war ein Ferienjob in einem Unternehmen für Sanitärtechnik. Ich musste Platinen löten und die automatische Spülung von Pissoirs testen.

**Ich könnte mein Geld auch verdienen als**
Hoteltesterin.

**Die beste Investition meines Lebens**
Meine Tochter.

**Die schlechteste**
Flugzeugfonds.

**Die schönste Art Geld auszugeben**
Reisen. Und Schenken.

**Wichtiger als Geld ist**
Zeit.

***Virginie Briand** ist Director Creative Consulting bei Deloitte Digital

---

## Kapitale Fragen an **Florian Rentsch***

***Florian Rentsch** ist Vorstandschef des Verbandes der Sparda-Banken

**Der beste Geld-Rat meiner Eltern**
Weniger ausgeben als man einnimmt. Ansonsten auf Aktien setzen.

**Damit habe ich mein erstes Geld verdient**
Schüler-Job mit 15 in einer Buchbinderei.

**Meine erste große Anschaffung**
Eine eigene Hifi-Anlage mit Plattenspieler.

**Mein kuriosester Aushilfsjob**
Etwas kurios waren die meisten Tätigkeiten.

**Ich könnte mein Geld auch verdienen als**
Rechtsanwalt oder Wanderführer.

**Die beste Investition meines Lebens**
Eine Ferienwohnung im Allgäu.

**Die schlechteste**
Eine Saisonkarte für ein Skigebiet in Corona-Zeiten.

**Die schönste Art Geld auszugeben**
Im Urlaub oder für meine Tochter.

**Wichtiger als Geld ist**
Gesundheit, Familie und Freunde.

Fotos: Studio Zeta, Dominik Osswald

**Jörg Howe** ist PR-Chef von Daimler Truck

# 6 | Wie schnell ist das Kapital Vertrauen verspielt, Jörg Howe?

„Vertrauen ist der Anfang von allem": ein ehemaliger Werbeslogan der Deutschen Bank. Leider konnte die Bank diese Prämisse in den vergangenen Jahren nicht immer umsetzen. So ähnlich geht es auch Journalist*innen und PR-Leuten, die mit dem Kapital „Vertrauen" arbeiten, um in ihrem Job erfolgreich zu sein. Dabei ist ein Vertrauensverlust stets möglich und für die Betroffenen eine kleine Katastrophe.

Als freier Journalist habe ich in den Achtzigerjahren für den NDR gearbeitet. Ich durfte fast überall berichten und habe geliefert. Man vertraute mir. Das änderte sich, als ich fest angestellt werden sollte. Plötzlich galt ich als ungeeignet.

Nach etlichen Auseinandersetzungen bin ich zum Privatfernsehen gewechselt und wurde dort später Chefredakteur. 2004 ging ich als Kommunikationschef zu Karstadt-

Quelle. Nach drei CEOs innerhalb eines Jahres betreute ich Thomas Middelhoff. Ich habe gern für ihn gearbeitet, ihm vertraut. 2008 nahm ich allerdings ein Angebot der Daimler AG an, um mich beruflich weiterzuentwickeln. Zehn Tage vor meinem Wechsel machten Verkaufsgerüchte die Runde. Wie immer habe ich ein Statement entwickelt, abgestimmt und getreu diesem kommuniziert und dementiert. Solange, bis mein CEO zu mir sagte: „Sie sind schuld, wenn das Unternehmen in die Insolvenz geht." Und die am selben Tag abgestimmte Sprachregelung? „War nicht so gemeint." Für mich ein Alptraum. Ich war benutzt worden, um die Öffentlichkeit falsch zu informieren. Meine Reputation und das erarbeitete Vertrauen bei den Journalist*innen lag bei Null.

In Stuttgart bei Daimler habe ich dann nach einer schwierigen An-

fangszeit das gefunden, was ich verloren hatte. Vertrauen in Menschen, in einen Vorstandsvorsitzenden und tolle Kolleg*innen, mit denen es Spaß macht zu arbeiten und die mir mein Selbstvertrauen zurückgaben.

Jeder Kommunikator weiß, dass wir häufig ohne Netz und doppelten Boden arbeiten und trotzdem stets sicher und bestimmt auftreten müssen. Wir betreiben ein „Menschengeschäft" und die persönliche Beziehung, aus der Vertrauen wächst, ist durch nichts zu ersetzen. Jetzt bin fast 65 und habe jeden Tag „Bock" zur Arbeit zu gehen, ich vertraue, immer noch und immer wieder.

P.S.: Ich bin seit vielen Jahren Kunde der Deutschen Bank. Nicht wegen der Werbeslogans, des Managements oder des Aktienkurses, sondern weil es einen Menschen gibt, der mich betreut und dem ich vertraue. So einfach ist das.

# 7 | Macht Geld sexy, Mirna Funk?

Selbstverständlich macht Geld nicht sexy. Ich habe in meinem Leben eine Menge Männer kennengelernt, die eine Menge Geld hatten und die man mir auf den Bauch hätte binden können – und dennoch wäre nichts passiert. Was wirklich sexy macht, ist Unabhängigkeit. Und die wird unter anderem durch Geld erreicht.

Die meisten verstehen nicht, dass wir in einer Welt leben, in der Geld Freiheit bedeutet. Klar ist das anstrengend und nervig und brutal, aber wer glaubt, die menschliche Existenz müsse wie ein Sonntagsspaziergang sein, der hat sich weder mit Geschichte noch mit Philosophie jemals beschäftigt. Menschsein ist hart. Die Bedingungen, unter denen wir leben, sind hart. Und trotzdem geht es uns schon so viel besser als den Menschen vor 100 oder 1.000 oder 10.000 Jahren. Der Kapitalismus, auf den heute jeder, der keine Ahnung hat, aber en vogue sein möchte, schimpft, hat Demokratie sowie Gleichberechtigung geschaffen, weil der Markt keine Unterschiede kennt, sondern auf gute Ergebnisse fokussiert ist. Wer was kann, der kann was werden, ob Mann, Frau, schwarz, weiß, schlau, dumm.

Ich weiß, dass ich dafür jetzt von allen selbsternannten Gutmenschen gerügt und eines Besseren belehrt werde, aber ich bin und bleibe liberal und daran wird kein Shitstorm etwas ändern. Geld macht mich flexibel, beweglich und handlungsfähig. Und gerade diese Handlungsfähigkeit schafft Unabhängigkeit. Von Meinungen. Von Begrenzungen. Von Zuweisungen.

Meine finanzielle Unabhängigkeit, die ich mir durch sehr viel sehr harte Arbeit jeden Tag selbst schenke, wirkt auf die meisten Männer extrem sexy. Aber heiraten würden sie mich nicht. Warum? Weil Unabhängigkeit Angst in ihnen auslöst. Denn wer nicht bleiben muss, der geht, wenn er keinen Bock mehr hat. Und genau so ist es auch richtig. Aber für sich selbst geliebt zu werden – ohne Zweck –, ist etwas, das wir alle erst kennenlernen werden, wenn wir uns endlich für die längst existierende Freiheit entschieden haben.

**Mirna Funk** schreibt als studierte Philosophin, Autorin und freie Journalistin unter anderem über die Themen Sex und Geld

Mirna Funk diskutiert im turi2.de/clubraum

# 8 | Ist das Streben nach Geld und Erfolg gesund, Eckart von Hirschhausen?

Stellen Sie sich vor, in Ihrem Körper wächst etwas unaufhaltsam, ohne Rücksicht auf natürliche Grenzen oder auf andere Organe. Wäre das eine gute Nachricht? Als Arzt weiß ich, dass dauerhaftes Wachstum eine kranke Idee ist. Es fällt uns schwer zu verstehen, dass das Streben nach Erfolg, Reichtum und Glück uns nur dann glücklich macht, wenn wir die natürlichen Grenzen von dem Lebewesen respektieren, dem wir unser Leben verdanken: Mutter Erde.

Unsere menschliche Gesundheit ist viel stärker von unserer Umwelt abhängig, als mir das im Medizinstudium beigebracht wurde. Seit vier Jahren habe ich es mir zur Lebensaufgabe gemacht, als bekanntester Arzt der Nation auf die größte Gesundheitsgefahr hinzuweisen, die wir über all die anderen Krisen in unseren Nachrichten oft vergessen: Wir sind mit Karacho dabei, uns selber abzuschaffen. Wenn wir die Klimakrise, das Artensterben und den immer noch exponentiell steigenden Verbrauch von einmaligen Ressourcen nicht stoppen, sind wir im Arsch. Und machen uns und allen folgenden Generationen das Leben zur Hölle. Diese Erde ist der einzige Ort im bekannten Universum mit Wasser, Luft, Pflanzen zum Essen und bislang für uns erträglichen Temperaturen. Und wem das zu esoterisch ist: Nur auf der Erde gibt es Schokolade, Sex und Kaffee. Besser wird es nirgends.

Medienschaffende haben eine Verantwortung. Welche Bilder, welche Geschichten, welche „Erfolgs-storys" berichten wir? Was setzen wir in die Welt, was die Welt verändert? Ist Erfolg gleichzusetzen mit Reichweite oder Tiefe? Ist Gewinn Monetarisierung oder Erkenntnisgewinn? Reden wir weiter über „Jahrhundertereignisse", so als wäre nicht längst die Ausnahme die Regel, die Krise das neue Normal? Neun Millionen Menschen sterben jedes

Jahr an Luftverschmutzung. 3,5 Milliarden Menschen können dort, wo sie momentan sind, nicht weiter sicher leben. Die nächsten Kriege drehen sich nicht mehr um fossile Energie, sondern um Wasser, Schatten, fruchtbaren Boden. Das sind die „Elefanten" im Raum. Aber in den Nachfolgeformaten der „Elefantenrunden" geht es immer noch darum, ob wir uns Klimaschutz leisten können. Das Teuerste, was wir jetzt tun können, ist: nichts.

Was wird unserer Generation eher verziehen: temporär gestiegene Spritpreise oder für immer gestiegene Meeresspiegel? Wollen wir ernsthaft weiter immer neue Bedürfnisse wecken, wenn wir dafür unsere echten Bedürfnisse verraten? Essen, Trinken, Atmen, Genießen und mit Menschen im Herzen verbunden sein – das ist Glück. Keiner kann sich seine eigene Außentemperatur kaufen, noch nicht mal Privatversicherte. Reich ist, wer weiß, dass er genug hat. Und ein erfolgreiches Leben ist eins, an dessen Ende man seinen Kindern und Enkeln in die Augen gucken kann.

Aber ich bin immer noch Optimist und glaube, dass Menschen sich verändern, wenn sich Rahmenbedingungen ändern. Und Medien. Wenn wir eine Klimakommunikation hinbekommen, die zeigt, was alles heute schon machbar ist, die Mut macht auf die Veränderungen. Und Vorfreude! Denn wir könnten es schöner haben auf der Erde. Und gesünder.

**Eckart von Hirschhausen**
engagiert sich als Arzt und Moderator mit seiner Stiftung „Gesunde Erde – Gesunde Menschen" für den Klimaschutz. Für die ARD konzipiert und präsentiert er „Wissen vor Acht – Erde". Sein Buch zum Thema heißt „Mensch, Erde! Wir könnten es so schön haben"

**Eckart von Hirschhausen** im turi2-Interview

Fotos: Julian Feldmann

# 9 | Verdienen Journalistinnen und Journalisten, was sie verdienen, Tina Groll?

**Tina Groll** ist Vorsitzende der Deutschen Journalistinnen- und Journalisten-Union DJU, Buchautorin, Wirtschaftsredakteurin bei Zeit Online sowie Mitglied im Deutschen Presserat

Zwischen Verdienen und Bekommen liegt oft ein nicht unwesentlicher Unterschied. Journalistinnen und Journalisten werden im Schnitt mit 4.987 Euro brutto im Monat bezahlt. 25 Prozent liegen darunter und kommen auf ein Durchschnittseinkommen von 3.575 Euro. 25 weitere Prozent liegen darüber und haben über 6.450 Euro im Monatsbrutto. Die Frage ist nur: Stimmen diese Zahlen tatsächlich?

Für viele Festangestellte mit tariflich abgesicherten Arbeitsbedingungen dürften die genannten Zahlen einigermaßen zutreffen. Für Tausende von Freien, insbesondere im Lokaljournalismus, wohl eher nicht. Darum kämpft die Deutsche Journalistinnen- und Journalisten-union DJU nicht nur für gute Tarifverträge, sondern auch dafür, dass Vergütungsregeln für Freie verbindlich sind und eingehalten werden.

Doch ein faires Gehalt zu bekommen, ist nur das eine. Das andere sind faire Arbeitsbedingungen, die alle Medienschaffenden verdienen. Dazu zählt ausreichend Zeit für Recherche und Fact-Checking, eine Arbeitslast, die bewältigbar ist, eine Balance von Arbeit und Privatleben, rechtliche Rahmenbedingungen, die freie Berichterstattung ermöglichen sowie faire Karrierechancen für alle in den Medien – Männer, Frauen, Menschen, die sich keinem Geschlecht zugehörig fühlen, Ältere wie Jüngere und vor allem Medienschaffende mit nicht-deutschen Wurzeln. Dass Redaktionen vielfältiger werden, ist unabdingbar für einen guten Journalismus. Und dieser wiederum ist unabdingbar für die Demokratie.

Was es dann noch braucht, sind Journalistinnen und Journalisten, die für ihre eigenen Interessen mutig einstehen – sich gewerkschaftlich organisieren, aber auch verhandeln können und dies selbstbewusst tun. Arbeit hat immer einen Preis: Zeit und Geld. Und es ist immer einfacher, gemeinsam zu verhandeln, als dies allein zu tun. Darum sollten sich alle Journalistinnen und Journalisten zu einer Gewerkschaft bekennen. Denn gemeinsam sind wir stark und dann bekommen wir auch das, was wir verdienen.

**Philipp Westermeyer** ist Gründer der Medien- und Eventmarke OMR

# 10 | Geld ist wie Mist: Auf einem Haufen stinkt es, verteilt trägt es Früchte – stimmt das, Philipp Westermeyer?

Diversifizierung empfiehlt ja jeder und es klingt vernünftig. Wobei: Wenn man richtig was bewegen will, bin ich da nicht so sicher. Viele tolle Unternehmer haben de facto den Großteil ihres Besitzes in der Firma gebunden, bei mir ist das auch der Fall.

Fotos: PR, Johannes Arlt, Ian Ehm

# 11 | Wieviel Zukunft hat gedrucktes Geld, Matthias Horx?

Gedrucktes Geld ist einfach geil. Es wird ebenso wenig aussterben wie Bücher oder Dirndl. Es hat den großen Nostalgie-Effekt, seit Hunderttausenden von Jahren tauschen Menschen Äquivalente per Hand. Realgeld ist eine Manifestation des menschlichen Vertrauens, Symbole gegenseitig anzuerkennen – eine Basis der humanen Kultur. Und je mehr virtuelle Mond-Währungen uns um den Verstand bringen, weil sie unsere alten Geld-Gewohnheiten sabotieren – und sich wie so viele digitale Errungenschaften bald als Instrumente für Verrückte und Bösewichte herausstellen werden –, desto mehr werden wir einen knisternden Geldschein zu schätzen wissen. Wenn es damit vorbei ist, kommen wieder Goldbarren. Und dann Kauri-Muscheln, die mit der Hand polierten.

P.S.: Alltägliche Überweisungen und Routinezahlungen kann man gut auch digital erledigen. In Zukunft hantiert man man nur zu besonders festlichen oder kriminellen Zwecken mit Realgeld. Aber dann richtig!

**Matthias Horx** ist Publizist sowie einer der bekanntesten Trend- und Zukunftsforscher

**Roland Tichy** war früher Chefredakteur von „Impulse" und „Wirtschaftswoche". Seit 2015 betreibt er die Meinungsseite „Tichys Einblick"

# 12 | Was ist so schön am Kapitalismus, Roland Tichy?

Einfache Antwort, weil einseitige Frage: Dass ich diesen Text auf einem Microsoft-Programm in ein Airbook tippe und die Recherchen dazu mithilfe von Google erledigt habe. Ohne Papierarchiv – wie schön! Und das, nachdem ich mit Uber preiswert und komfortabel zum Flughafen gefahren bin, zum günstigen Easy-Jet-Flug raus aus dem grauen Deutschland in ein südliches AirBnB-Apartment. Wir haben diverse Lockdowns dank Amazon überlebt und mit Netflix überstanden. Zugegeben: Ich bin konservativ und habe noch nie mit Bitcoins bezahlt. Aber vielleicht bald, wenn die Inflationspolitik der EZB mich verarmen will?

Unser Leben wird schöner mit den Segnungen des Kapitalismus und dank der neuen Helden der kapitalistischen Ausbeutung – Jeff Bezos, Steve Jobs, Bill Gates und wie sie alle heißen. Elon Musk fliegt für 50 Millionen private Gäste ins All. Das ist viel Geld. Aber wenig gemessen daran, wieviel NASA und ESA dafür verbrennen und ver-

brannt haben. Musk hat die Autoindustrie revolutioniert. Eine Segnung meines Lebens aus dem Reich des Sozialismus fällt mir nicht ein.

Diese neuen Freiheiten sind keine Erfindungen der staatlichen „Agentur für Sprunginnnovation", die es neuerdings in Berlin gibt und die mit viel Geld keine Innovationen zu Stande bringt. Die Kapitalisten haben auch nicht die diversen Innovationsministerien in Ländern, Bund und Fortschritts-Kommissionen in Brüssel in Anspruch genommen. Sie sind auch nicht Teil der „Großen Transformation", die uns die Ampel-Koalition verspricht.

Große Unternehmer oder Entrepreneure, wenn man es feiner sagen will, reden nicht von Transformation. Sie machen sie einfach. Ganz ohne Fünf-Jahres-Plan für Innovation, Startup-Förderprogramme von der KfW und warmen Händedruck vom Wirtschaftsminister*in. Eigentlich ganz einfach: Neue Ideen bewegen die Welt und Konsumenten stehen Schlange, um ihr sauer verdientes Geld dort zu lassen,

wo es ihnen Vorteile bringt. Das ist Kapitalismus, und so hat er die Welt revolutioniert. Schade, dass in Deutschland so viel Schmalspur-Hirn in Kapitalismus-Kritik investiert wird statt in Kapitalismus; wir saugen die Früchte der vergangenen kapitalistischen Phase nur noch aus.

Ist ja auch kein Wunder, wenn die Vorstandschefin von Thyssen-Krupp, ein Konzern früher so hart kapitalistisch wie Kruppstahl, stolz darauf ist, dass sie bei Greenpeace ist. Besser wäre eine Idee, um den ständig an der Pleite entlangnavigierenden Schrumpfkoloss zu modernisieren. Das ist das Problem der eifrigen Staats-Transformatoren in Deutschland: Ihnen fallen nur Produkte ein, die mit Geld vom Steuerzahler gepäppelt werden müssen, weil kein Mensch sie will. Deutschland hat keine Chips, aber drei Milliarden für Intel, damit die uns eine Chipfabrik hinstellen, mit der sie viele Milliarden verdienen.

Hierzulande fehlen Kapitalisten. Drum bleibt Deutschland so grau und zukunftsarm, wie es ist.

Fotos: Picture-Alliance

# 13 | Zerstören die Reichen die Welt, Merit Willemer?

Fotos: Bund der Steuerzahler Deutschland e.V./Fotostudio Annette Koroll

**Merit Willemer** ist Sprecherin der Klimabewegung Fridays For Future

Wir alle kennen sie: die Kritik am individuellen Verhalten zum Schutz des Klimas. Dabei wird schnell gegen das Essen von Billigfleisch, Billigflüge oder alte Autos geschossen. So entsteht das Bild von Menschen mit geringem Einkommen, die das Klima zerstören – während die Reichen schön in ihren Elektroautos zum veganen Restaurant fahren.

Dass dieses Bild nicht ganz hinkommt, zeigt eine Studie von Richard Wilk und Beatriz Barros, die sich damit beschäftigt, wie hoch der $CO_2$-Fußabdruck von 20 Milliardär*innen ist. Schnell wird klar: Er ist tausendfach höher als die durchschnittlichen Emissionen anderer Menschen. Das reichste Prozent verursacht jährlich 15 Prozent aller Emissionen – das ist mehr als doppelt so viel wie die gesamte ärmere Hälfte der Weltbevölkerung.

Wie kann also erwartet werden, dass sich Menschen ein teures Bahnticket kaufen, während Ölmilliardär Roman Abramowitsch mit einer Jacht jährlich rund 22.000 Tonnen $CO_2$ emittiert? Genau, ein Ölmilliardär. Wenn man sich die Liste der 500 reichsten Deutschen anschaut, findet man Menschen von Unternehmen wie BMW und Springer neben Supermarktketten und Pharmakonzernen. Viel wichtiger als die Frage, ob Susanne Klatten, die reichste Frau Deutschlands, nun ein Elektroauto fährt oder nicht, ist, wo sie ihr Geld herhat.

Ja, Superreiche zerstören das Klima und damit unsere Welt mit ihren Unternehmen und ihrem Lebensstandard. Noch dazu gelten sie in einem kapitalistischen Wirtschaftssystem als Vorbilder und ihr Lebensstandard als erstrebenswert. Die Klimakrise ist ein strukturelles Problem. Wir können sie nicht effektiv eindämmen, wenn wir nicht unser System von Grund auf neu denken. Verabschieden wir also die Mythen „Klimaschutz = teuer" und „Menschen mit geringen Einkommen = Klimakiller". Klimagerechtigkeit heißt, dass Klimaschutz gleichzeitig die soziale Schere schließt. Damit das klappt, müssen wir aufhören, Profite Einzelner über das Leben aller zu stellen.

Reiner Holznagel ist
Präsident des Bundes der
Steuerzahler Deutschland

# 14 | »Wer zahlt, schafft an!«
## Stimmt das, Reiner Holznagel?

Diese Redensart ist in Bezug auf uns Steuerzahlende definitiv nicht zutreffend. Denn die Bürger bestimmen nur mittelbar über die Verwendung der öffentlichen Gelder – unmittelbar bestimmen der Bundestag, die Landtage und viele kommunale Parlamente. Zu öffentlichen Geldern gehören übrigens nicht nur Steuern, sondern auch viele Abgaben sowie die Einnahmen aus der Neuverschuldung.

Vor allem die Verschuldung, ein süßes Gift, hat schon manches möglich gemacht, was über reguläre Einnahmequellen nicht finanzierbar war. Unsere Schuldenuhr im Berliner Regierungsviertel zeigt deshalb eine Gesamtverschuldungssumme von mehr als 2.3 Billionen Euro

an. Natürlich haben Parlamente in Extremsituationen die Möglichkeit, schnell und entschlossen zu reagieren. Hier können neue Schulden helfen – unsere Schuldenbremse gibt da einen flexiblen Rahmen vor. Doch jedem muss klar sein: Die Schulden von heute sind die Steuern von morgen!

Wir Steuerzahler sind in jedem Fall gefragt. Deshalb wollen wir doch bitteschön mitentscheiden! Wahrscheinlich gibt es aber so viele unterschiedliche Interessen, wie Steuerzahler. Deshalb sollen und müssen unsere Volksvertreter nicht nur entscheiden, sondern sich auch ständig rückversichern.

Worauf wir uns bestimmt einigen können, sind diese Kriterien: Niemand zahlt Steuern gern, um damit Zins und Tilgung für alte Schulden zu zahlen. So manche schuldenfi-

nanzierte Investition existiert schon gar nicht mehr, aber die Schulden und der Schuldendienst sind dafür noch da. Auch mag niemand Steuern entrichten, die dann verschwendet werden. Deshalb gehört Steuergeldverschwendung genauso hart bestraft wie Steuerhinterziehung!

Und schließlich sollten unsere hart erarbeiteten Steuern sparsam und effizient zum Einsatz kommen. Teure Privilegien, üppige Versorgungen oder unangemessene Kosten im Politik- und Staatsbetrieb müssen deshalb tabu sein. Wenn diese Ausschlusskriterien eingehalten werden, haben wir schon viel erreicht.

Sie möchten, dass sich Ihre Lieben nach Ihrem Tod so richtig zoffen? Vor Gericht ziehen und schmutzige Wäsche waschen? Dann hätte ich eine Idee: Machen Sie es doch wie Pablo Picasso! Der Meister der Malerei weigerte sich nämlich, ein Testament aufzusetzen. Offenbar hat er sich schon zu Lebzeiten genüsslich ausgemalt, wie die Hinterbliebenen sich zerfleischen, um möglichst viel von seinem Nachlass zu raffen. Sein Plan ging auf. Die Erbsache Picasso beschäftigte die französischen Gerichte über Jahre, allein die Anwälte sollen 30 Millionen Dollar in Rechnung gestellt haben. Und die Lieben? Sahen sich wohl nur noch vor Gericht.

Das wollen Sie nicht? Gut so. Dann rate ich Ihnen, sich frühzeitig mit Ihrem Nachlass zu beschäftigen. Auch wenn Sie nicht solch ein Vermögen angehäuft haben und Ihre Familienverhältnisse überschaubarer sind: Kümmern Sie sich darum, was nach Ihrem Tod mit Ihrem Vermögen passiert. Sprechen Sie mit Ihren Lieben über Ihre Ideen und Wünsche – und sorgen Sie dafür, dass alles rechtssicher geregelt ist. Beim Erben, so die Erfahrung von Rechtsanwälten, geht es selten nur um Geld, sondern um Emotionen. Da platzen alte Wunden auf, auch und vor allem unter Geschwistern.

Wie Sie das vermeiden? Haben Sie keine Angst, sich mit dem eigenen Tod zu beschäftigen! Der erste Schritt ist immer eine Bestandsaufnahme. Was gehört zum Erbe und wer wird entsprechend der gesetzlichen Erbfolge berücksichtigt? Passt das zu Ihren Vorstellungen? Unverheiratete Partner etwa erben ohne Testament nichts, bei kinderlosen Paaren erben dann die Eltern oder Geschwister des Verstorbenen mit. Und bei Patchwork-Familien sind die Kinder desjenigen Ehepartners im Nachteil, der zuerst verstirbt. Das riecht nach verletzten Gefühlen und Ärger. Klären Sie das zu Lebzeiten und machen Sie ein Testament.

Wenn Sie zudem einen Ordner mit allen Informationen über Versicherungen, Konten, Depots, Schließfächern etc zusammenstellen, beglücken Sie Ihre Erben zusätzlich. Doch Obacht: Vererben sollte nicht Ihr Lebenszweck sein! Also nicht in Gedanken an die Lieben schon vor dem Tod auf Sparflamme leben. Besser: Genießen Sie Ihr Leben!

## 15 | Das letzte Hemd hat keine Taschen – wie mache ich meinen Lieben posthum eine Freude, Birgit Wetjen?

**Birgit Wetjen** ist Chefredakteurin des Magazins „Courage" und Autorin des Buches „Just Money"

Foto: Fotostudio Balsereit

# 16 | Was disruptiert die Liebe der Deutschen zum Bargeld, Christoph Keese?

Letztlich wird es die Bequemlichkeit sein. Warum? Für die Verwendung von Bargeld gibt es heute nur noch zwei Gründe: Verschleierung von Zahlungen und bequemer Einsatz. Wer etwas verschleiern möchte, wird vom Bargeld genauso wenig loszureißen sein wie vom Bitcoin. Um diese Leute müssen wir uns weniger kümmern. Sie sind eine Nische des Markts. Die Mehrheit der Menschen möchte nichts verschleiern, scheut aber das Hantieren mit Plastikkarten, das Eintippen von PINs oder das Hervorkramen von Handys.

Elektronisches Bezahlen ist im Laufe der Zeit zwar viel einfacher geworden, doch da geht noch mehr. Mit Zahlen durch Nicken zum Beispiel. Im neuesten Update der iPhones funktioniert die Gesichtskontrolle endlich auch mit Maske. Man muss kurz den Blick senken, um dem Gerät – das nur die Augen sieht – seine Identität zu bestätigen. Nicken ist sogar bequemer als Geld aus dem Portemonnaie oder der Hosentasche zu fingern.

Wem das als Bequemlichkeit noch nicht reicht, der kann vielleicht durch Boni oder Gamification gewonnen werden. Bargeld zu zählen, zur Bank zu bringen und gelegentlich gestohlen zu bekommen, kostet den Handel viel Geld. Warum nicht Prämien dafür bezahlen, dass man Edeka oder Lidl diese Kosten spart? Für einen Euro oder 50 Cent bringen die Leute ihren Einkaufs-

wagen zurück zum Depot. Für 20 Cent sind sie vielleicht bereit, das Bargeld stecken zu lassen.

Sind wir alle verwöhnt, weil wir so sehr auf Bequemlichkeit achten? Keineswegs. Geld wurde überhaupt nur aus Gründen der Bequemlichkeit erfunden. Mit Geld zu bezahlen ist einfacher, als ein Huhn gegen ein

Kotelett zu tauschen oder Milch gegen Weizen. Bargeld gibt es heute immer noch, weil es so herrlich leicht ausgegeben werden kann. Machen wir digitales Bezahlen viel, viel bequemer als Münzen und Scheine, dann bleibt Bargeld wirklich nur noch den Steuerhinterziehern, Betrügern und Erpressern vorbehalten.

**Christoph Keese**
ist Geschäftsführer von Springers Digitalberatung Hy

# 17 | Was ist das größte Kapital einer Marke, Jens Thiemer?

Marken sind Lebewesen. Sie haben eine Seele, eine Persönlichkeit, Gefühle, Sehnsüchte und Träume. Das ist ihr größtes Kapital. Wer eine Marke verantwortet, muss sich mit diesem Kapital nicht nur beschäftigen, sondern tief, ganzheitlich und mit intrinsischer Motivation und viel Demut eintauchen in dieses empfindsame Konstrukt.

Die Geschichte einer Marke gut zu kennen, reicht dabei nicht aus. Man muss zusätzlich wissen, wie die Marke in welchen Situationen agiert hat und sich heute verhält, wie sie codiert ist und wie sie auf Menschen wirkt. Das ist komplex und hat mit den üblichen Strategiemethoden rund um Marken nur wenig zu tun.

Markenmanagement ist viel mehr echte Psychologie als abgeklärtes Management. Nur mit viel Einfühlungsvermögen, Gespür und Zeit kann man erreichen, dass die Marke einem vertraut und sich dadurch öffnet. Das ist der einzige Weg. Sonst überfordert man Marken, überrennt sie, vergewaltigt sie gar oder gibt ihnen schlichtweg keine Entfaltungsmöglichkeit.

Wer Markenstrategie verstehen will, sollte den Film „Der Pferdeflüsterer" ansehen. So wie der Tierpsychologe Tom Booker das traumatisierte Pferd Pilgrim behandelt, müssen auch Marken behandelt werden. Mal brauchen sie Sparringspartner oder Coaches, mal brauchen sie Bildhauer oder Codierer, mal brauchen sie Psychologen und Heiler. Immer brauchen sie tiefes Vertrauen, Verständnis und die Fähigkeit, ihnen zuzuhören.

Marken haben viel mehr zu erzählen, als sie in ihrer Verpackung, in ihrem Design und in ihren Wertemodellen von sich preisgeben. Sie erreichen Menschen, weil diese in ihnen menschenähnliche Wesen sehen. Je jünger und vor allem je älter eine Marke ist, desto behutsamer muss man vorgehen. Dabei haben vor allem die Kundinnen und Kunden, die die Marke schon lange und gut kennen, am meisten zu erzählen und zu berichten. Das gilt auch für die Mitarbeiterinnen und Mitarbeiter, die egal in welcher Funktion und Aufgabe die Marke verkörpern. Immer und überall.

Wer als Markenchef(in) eine Marke nur als künstlich geschaffenes Konstrukt sieht, als technische Hülle oder gar als zu belächelnde Marketingerfindung ohne echten Mehrwert, der hat Marke nicht verstanden. So wie wir für regelmäßige Gesundheitschecks und bei Krankheiten zum Arzt gehen, so brauchen auch Marken Checks, Behandlungen, Medikamente, Prothesen, manchmal Operationen oder sogar Amputationen. Oder eben begleitende Sterbehilfe als Vorbereitung für eine Wiedergeburt. Ich bin der Meinung, dass nahezu jede Marke mit der nötigen Kompetenz und Zeit immer wieder zu neuem Leben gebracht werden und nahezu endlos leben kann.

Marken, die im Laufe ihres Lebens verschwunden sind, wurden schlecht behandelt, ihnen und ihren Kundinnen und Kunden wurde nicht ausreichend zugehört. Man hat nicht verstanden, was sie wirklich bewegt und was sie bewegen wollen. Jede Marke hat eine Mission und sollte die Chance bekommen, diese auch zu verwirklichen. Wir Markenmanager sind dabei die Ermöglicher.

Wer diese Aufgabe verinnerlicht und wirklich versteht, welches große Kapital eine Marke in sich trägt, wird großen Erfolg haben bei der Markenhaltung und -pflege, nicht nur bei der Markentechnik.

**Jens Thiemer** ist Markenchef bei BMW

# 18 | Kann Steuer Spaß machen, Simone Wastl?

Aber klar! Ich weiß: Die Steuergesetze in Deutschland sind alles andere als trivial, aber zum Glück muss man sich nicht alleine durch die Formulare wühlen. Es gibt Zehntausende Menschen in Deutschland, die sich für das Thema begeistern, wie die vielen Steuerberaterinnen und Steuerberater, die mit einer extrem hohen Arbeitsbelastung den Laden am Laufen halten. Denn: Die Steuereinnahmen von Unternehmen und Privatpersonen sind ein wesentlicher Bestandteil unseres Wohlstandes und unserer Demokratie. Sie sichern genau das, was wir in Deutschland so sehr schätzen: Infrastruktur, ein gut funktionierendes Gesundheitssystem, Bildung. Für Steuer-Muffel und einfache Fälle sind Steuer-Softwares eine gute Alternative. Diese Programme und Apps machen Spaß, weil ich mit jedem Klick sehe, welchen Erstattungsbetrag ich bekomme. Und wer darüber hinaus noch einen Motivationsschub braucht: Es warten jede Menge Rückerstattungen! Und je schneller ich meine Steuererklärung abgebe, desto früher bekomme ich sie.

**Simone Wastl** ist Kommunikationschefin beim IT-Dienstleister Datev

**Lena Binder** ist Head of Engagement bei der Deutschen Welthungerhilfe

# 19 | Ist Geiz noch geil, Lena Binder?

Geiz war noch nie geil – auch, wenn die Werbeprofis eines Elektromarkts damals mit dem Slogan einen echten Ohrwurm gelandet haben. Geiz wird in der Wortbedeutung gleichgesetzt mit Habsucht oder Gier. Das finde ich beides nicht „geil", weil es für mich das Gegenteil von Solidarität darstellt. Wie solidarisch, hilfsbereit und umsichtig kann denn schon jemand sein, der zwanghaft oder übertrieben spart, und mehr für sich haben will als für andere? Maßvolle Bescheidenheit in allen Ehren: Aber Geiz ist ungeil.

In meiner Arbeit bei der Welthungerhilfe sehe ich täglich, wie wichtig es ist, dass sich Menschen für andere einsetzen und sich gegenseitig unterstützen – vor allem in der Krise. Die gute Nachricht ist: Die Bereitschaft, Menschen in Not zu helfen, ist aktuell sehr hoch und spiegelt sich in der Spendenbereitschaft der Bevölkerung wider. Mehr Menschen spenden seit Beginn der Corona-Pandemie und die Spendenbeiträge sind höher als zuvor. Das ist unheimlich wertvoll, denn vielen Menschen in Not konnte so unmittelbar geholfen werden. Warum die Spendenbereitschaft gestiegen ist? Gefühlt rennen wir von einer Krise in die nächste – weltweit, aber auch direkt vor unserer Haustür: Klima, Hunger und Armut, Ahrtal, Afghanistan, Ukraine ... Die Liste ist zu lang.

Dabei erlaube ich mir bei aller Dankbarkeit für die Spendenbereitschaft noch einen kritischen Kommentar: Wir spenden oft nicht mit gerechter Verteilung. Menschen und Krisen, die gestern noch in den Medien waren, haben wir morgen schon wieder verdrängt. Ich wünsche mir mehr Gerechtigkeit bei der Zuteilung von Spendengeldern. Und – weil ich ja hier Medienmacher*innen ansprechen darf – ich wünsche mir mehr Gleichberechtigung und Verhältnismäßigkeit bei der Berichterstattung über die unterschiedlichen globalen Krisen.

## 20 | Wann kommt der nächste Finanzcrash, Georg Meck?

**Georg Meck**
ist seit Oktober
2021 Chefredakteur
von „Focus Money"

Der nächste Crash kommt bestimmt. Wie der Blitz zum Donner gehört und die Krise zum Boom, so gibt es keine Börse ohne gelegentlichen Absturz der Kurse. Dumm nur, dass niemand genau weiß, wann es so weit ist. Sonst würden all die schlauen Regulierer, Aufseher und Politiker das Verderben ja abwenden. Tun sie aber nicht, allenfalls höchst selten. Und weil das so ist, hat sich der Berufsstand der Crash-Propheten herausgebildet – Bescheidwisser, die von der Illusion leben, der großen Meute den entscheidenden Schritt voraus zu sein. Ein krisensicheres Gewerbe mit dem unschlagbaren Vorteil, dass irgendwann eintritt, wovor die Propheten permanent warnen.

Bis es so weit ist, leben sie vom Heulen und Zähneklappern ihrer Gefolgschaft. Darauf lässt sich ein hübsches Geschäftsmodell bauen, im politischen Betrieb ebenso wie im kommerziellen Bereich. Mone-

tarisiert wird die Furcht der Kundschaft durch den Handel mit Goldbarren oder Büchern, im Idealfall mit beidem. Da tun sich Synergieeffekte auf. Latenter Antikapitalismus trifft auf Verschwörungstheorie – darauf lässt sich ein Vermögen errichten. Für die Crash-Propheten wohlgemerkt, nicht für ihr Publikum.

Wer aus Angst vor dem Crash lieber in Kartoffeln investiert als in Aktien, macht selten ein gutes Geschäft. Das eigene Gemüsebeet, und sei es noch so schön anzuschauen, trägt in aller Regel weniger Früchte als ein ETF-Depot, das das wachsende Produktivvermögen der Welt abbildet. Bisher hat die kapitalistische Wirtschaftsordnung noch jeden Schock weggesteckt. Selbst von Kriegen erholt sich die Börse erstaunlich schnell. So sicher wie der Absturz folgt auf das Gewitter die Sonne. Der nächste Börsenboom kommt bestimmt.

## 21 | Braucht ein Baby ein Portfolio, Noah Leidinger?

**Noah Leidinger**
ist die Stimme des
OMR-Podcasts „Ohne
Aktien wird schwer"

Noah Leidinger spricht
über seinen Job im
turi2.de/podcast

Ja! Ein Baby braucht ein Portfolio und der Grund dafür liegt auf der Hand. Wir steuern in Deutschland und vielen Staaten Europas auf eine gigantische Rentenlücke zu. Schon jetzt kann der Staat nicht mehr die gesamte Rente mit Beitragszahlungen finanzieren und die Zuschüsse des Bundes werden in Zukunft weiter anwachsen. Das liegt zum einen am zunehmenden Durchschnittsalter der Bevölkerung – die Lebenserwartung steigt und die Geburtenrate sinkt. Dadurch gibt es in Zukunft mehr Rentner, aber weniger Beitragszahler. Außerdem legen die Rentenkassen die Gelder sehr konservativ an, was bei niedrigen Zinsen und steigender Inflation nicht nachhaltig sein kann.

Wer also eine sichere und auskömmliche Rente will, der muss selbst vorsorgen und das macht am Kapitalmarkt gerade in jungen Jahren enorm viel Sinn. Denn zumindest in der Vergangenheit haben breit gestreute globale Aktienportfolios eine sehr ordentliche Rendite gebracht – allerdings auch mit erheblichen Schwankun-

gen. Wer in Aktien investiert, sollte das also nur mit einem langfristigen Zeithorizont von mehr als zehn Jahren tun. Und wer hat einen längeren Anlagehorizont als ein Neugeborenes? Dazu kommt natürlich der Zinseszinseffekt, der stärker wirkt, je länger der Zeitraum ist.

Aber ein Baby-Portfolio macht nicht nur rein finanziell Sinn. Die Investition in Aktien ist auch einer der besten Wege, um über die Wirtschaft zu lernen. Was passiert eigentlich, wenn man sein Geld in eine Aktie von Disney, Apple oder Mattel investiert? Woher kommt der Wert dieser Firmen? Wie verdient Disney eigentlich Geld mit seinen Filmen und wieso kann Apple so hohe Preise für seine Handys verlangen? All das sind Fragen, an die man Kinder über ihr eigenes Portfolio heranführen und sie so für Wirtschaft begeistern kann. Und eine Begeisterung für Wirtschaft sowie ein Verständnis wirtschaftlicher Zusammenhänge bringt langfristig wahrscheinlich nochmal deutlich mehr Rendite als das eigene Portfolio.

Fotos: Michael Tinnefeld für Focus Money, PR, Marco Fischer

## 22 | Wie erklärt man Kindern Kapitalismus, Clarissa Corrêa da Silva?

**Clarissa Corrêa da Silva** ist Moderatorin bei der „Sendung mit der Maus" und bei „Wissen macht Ah!" im WDR

Nach vielen Jahren bei Kinder- und Jugendmedien bin ich überzeugt: Man kann Kindern alles erklären. Egal, wie komplex oder schwierig ein Thema auf den ersten Blick scheint. Kinder zwingen uns, den Themen auf den Grund zu gehen. Ich glaube nämlich nicht, dass bei einer spontanen Straßenumfrage viele Erwachsene eine klar verständliche Definition des Begriffs „Kapitalismus" mal eben aus dem Effeff parat haben. Wir müssen deshalb zunächst den Begriff „Kapitalismus" selbst verstehen.

Versuchen wir es: Der Kapitalismus bezeichnet eine Wirtschafts- und Gesellschaftsordnung. Ein System, in dem wir leben. Für Essen, um zu wohnen, für Kleidung und so weiter brauchen wir Geld. Um das Geld zu verdienen, gehen wir arbeiten. Im Kapitalismus besitzen einige Menschen oder Unternehmen das Kapital. Sie haben alles, was zur Herstellung von Dingen nötig ist: Geld, Werkzeuge, Maschinen, Produktionsorte, Mitarbeiterinnen und Mitarbeiter. Was die Unternehmen mit ihrem Kapital machen, bestimmen sie selbst. Es gibt also nur Dinge zu kaufen, die die Unternehmen von sich aus anbieten. Weil aber jedes Unternehmen möglichst gut verdienen will, stellen sie vor allem die Produkte her, die viele Leute kaufen möchten. Das, was die Leute kaufen möchten, ist die Nachfrage, und entsprechend dieser gibt es ein Angebot.

Um das Thema in die Kinderwelt zu überführen, können wir das Beispiel eines Flohmarkts nutzen. Jedes Kind hat sicher ein paar Dinge zu Hause, wie Spielzeug, die es nicht mehr nutzt und verkaufen möchte. Das ist sein Kapital. Gut verkauft bekommt es vor allem das Spielzeug, das gerade sehr angesagt ist und das alle Kinder gerne haben möchten. Das ist im Grunde die absolute Basis des Kapitalismus – und fertig.

**Peter Turi** ist Gründer von turi2

# 23 | Was nichts kostet, ist nichts wert.
## Stimmt das, Peter Turi?

Nein, das ist der blödeste und falscheste Spruch, den ich kenne. Ungefähr so dumm und toxisch wie „Wer sein Kind liebt, züchtigt es".

Das Gegenteil von „Was nichts kostet, ist nichts wert", ist richtig: Was wirklich zählt auf dieser Welt, sag ich mit Udo Jürgens, bekommst du nicht für Geld: Liebe, Zeit, Solidarität, Heimatgefühl, rechtschaffene Müdigkeit. Käuflich sind Sex, Autos und Follower, aber niemals Glück. Das entsteht aus dem Teilen, dem Verschenken und der Gemeinschaft.

Wenn ein Kommunikationsprofi den Satz ausspricht „Was nichts kostet, ist nichts wert", entziehe ich ihm sofort mein Wertvollstes: meine Aufmerksamkeit. Und praktiziere im Business weiter mein gegenteiliges Konzept: Verschenke viel, erwarte nichts, dann bekommst du alles. Mit dem Konzept, Menschen kostenlos Service, Liebe und Zuwendung zu schenken und ihnen ein Bühne zu bauen für das, was sie am meisten brauchen – Aufmerksamkeit –, ist turi2 bisher besser gefahren als manch verbissener Paywall-Bauer und Abo-Drücker.

# 24 | Was macht mehr Sinn als Geld, Lars Haider?

Die kurze Antwort wäre: alles.
Die längere Antwort, gerade aus Sicht von Journalistinnen und Journalisten, gerade in Krisenzeiten, lautet: Wir sollten/müssen immer wieder aufpassen, dass wir uns bei dem, was wir tun, nicht davon (ab)lenken lassen, wie man damit vielleicht Geld verdienen könnte. Der Journalismus erfährt seinen Wert daraus, dass er genau das nicht tut – und wird dadurch unbezahlbar sinnvoll.

**Lars Haider** ist Chefredakteur des "Hamburger Abendblatts"

# 25 | Wie viel geben die Deutschen für Programmzeitschriften aus, Christian Hellmann?

Erst einmal harte Zahlen: Programmzeitschriften sind das mit Abstand umsatzstärkste und größte Segment im gesamten Zeitschriftenmarkt. Jeden Monat werden über 24,5 Millionen Hefte in Einzelverkauf und Abonnement verkauft. Das bedeutet einen Bruttoerlös von fast 500 Millionen Euro pro Jahr – jeder volljährige Einwohner in Deutschland gibt also umgerechnet etwa sieben Euro jährlich für Programmzeitschriften aus.

Warum das so ist? Keine andere Zeitschriftengattung bietet einen so perfekten Mix aus Unterhaltung, Information und Nutzwert. Seit ihrer Erfindung sind Programmzeitschriften ein verlässlicher Navigator durch ein Angebot, das mit den Jahren immer größer und besser, aber gleichzeitig auch unübersichtlicher geworden ist. Die Leserinnen und Leser können auf die Tipps ihrer Redaktion vertrauen und blitzschnell eine Entscheidung für das richtige Programmangebot treffen, ohne etwas zu verpassen. Dank umfangreicher Beiträge mit Hintergründen, Interviews, bildgewaltigen Strecken und Service-Themen sind Programmzeitschriften zu vollwertigen Illustrierten geworden – und das immer noch zu unschlagbar günstigen Preisen.

Auch wenn das gesamte Marktumfeld angesichts der hohen Inflation und steigender Papierpreise schwieriger geworden ist, zeigt sich das Segment der Programmzeitschriften im direkten Vergleich noch weitgehend konstant. Für uns zahlt es sich aus, dass wir immer versuchen, den Sehgewohnheiten unserer Leserinnen und Leser sowie den unterschiedlichen Zielgruppen unserer Titel gerecht zu werden. Die Verlängerung ins Digitale mit Apps, elektronischen Programmführern und Webseiten ist bereits seit Jahren Bestandteil unserer Strategie. Außerdem haben wir schon sehr früh auf die Tiefenintegration von Mediatheken- und Streaming-Inhalten in unseren Heften gesetzt. Damit begleiten wir einen Mega-Trend.

Ich bin überzeugt: Wenn wir Programmzeitschriftenmacher weiter innovativ bleiben, wird das Segment noch lange die Nummer Eins bleiben.

Fotos: Johannes Arlt, Mark Sandten, Andreas Wemheuer

**Christian Hellmann** ist Chefredakteur der Funke-Programmzeitschriften

**Ferda Ataman** ist Journalistin, Expertin für Antidiskriminierung und Gründerin des Beratungsunternehmens Diversity Kartell

# 26 | Welche Note bekommt die Finanzwelt in Sachen Diversität, Ferda Ataman?

Auf einer altmodischen Spanne von „sehr gut" bis „ungenügend"? Leider ungenügend. Sitzengeblieben. Weiß, männlich, privilegiert – so sieht der Prototyp für Mitarbeitende und Entscheider*innen in der Finanzbranche aus. Oder positiv ausgedrückt: In Banken, an Börsen und in Medien und Behörden, die sich mit Geld beschäftigen, liegt noch viel Potential ungenutzt.

Wir wissen aus zig Studien: Unternehmen mit gemischten Teams sind innovativer, kreativer und erfolgreicher. Es geht hier nicht um Charity. Aber ausgerechnet in der Finanzbranche ist der Nachholbedarf noch besonders groß. Monokultur ist denkbar schlecht fürs Risikomanagement. Eintönigkeit hemmt den Blick. Trotzdem halten sich die weißen Männerbastionen in der deutschen Finanzwelt hartnäckig.

Zwar haben viele Finanzinstitute inzwischen Diversitätsbeauftragte. Aber das bleibt Makulatur, wenn sie keine Gestaltungsmacht haben. Seit fast 30 Jahren liegt der Frauenanteil in Vorständen bei etwa zehn Prozent – eine flache Linie, statt einer Kurve.

Softe Maßnahmen wie wohlwollend angekündigte Frauenförderprogramme oder Firmenlogos in Regenbogenfarben ändern nicht viel. Ohne harte Maßnahmen dauert es noch Jahrzehnte, bis Fortschritte erkennbar werden.

Deshalb braucht es ernstgemeinte, transparente Diversity-Strategien aus der Chefetage. Mit öffentlichen Zielmarken, an denen man sich messen lassen kann. Und Konsequenzen, wenn sich nichts tut. Immerhin: Die Deutsche Bank will bis 2025 ein Drittel ihrer Führungspositionen mit Frauen besetzen. Und die Europäische Zentralbank hat vor, sich für mehr Geschlechtervielfalt in Leitungsorganen von Banken zu engagieren.

Nur: Wir haben 2022. Warum erst jetzt? Im internationalen Vergleich ist das eher peinlich rückständig. Außerdem bedeutet Diversität so viel mehr, als sich nur für Menschen mit einem Uterus oder queere Zeitgenoss*innen zu öffnen. Wenn es um Geldanlagen und Kapital geht, sind auch Menschen mit Armutserfahrung, Migrationshintergrund, mit Behinderung und und und gefragt. Da geht noch was.

**Katharina Brunsendorf** le tet die Initiative Finanz-Heldinnen der Commerzbank und hostet u.a. den Podcast „Schwungmasse"

Fotos: Sarah Eick, Marcus Witte

# 27 | Über Geld spricht man nicht – oder doch, Katharina Brunsendorf?

Wer diesen Glaubenssatz für sich verankert hat, sollte ihn ablegen. Denn Geld betrifft alle Lebenslagen – ob beim Einkaufen, im Job oder mit der Familie. Umso wichtiger, dass wir uns darüber austauschen – und eine positive Einstellung zum Geld haben.

Speziell Frauen sollten sich für Finanzen begeistern und den eigenen Weg durch den Finanzdschungel finden. Häufig scheitert dieser daran, überhaupt erst einmal zu starten. Doch solange unsere Rentenlücke größer ist als die von Männern, haben wir einiges zu tun. Und solange es die Rentenlücke überhaupt gibt, haben wir alle ein To-do. Auf Politik und Veränderungen des Systems zu warten, damit die gesetzliche Rente ausreicht, wird für viele zu spät sein.

Aber: Nur 17 Prozent der Deutschen investieren in Aktien und Co. Es wird zu wenig über die Börse gesprochen und daher herrscht auch zu wenig Wissen. Ein erster Schritt, um selbst mehr Wissen zu erlangen: Fragen stellen. An das persönliche Umfeld, die Bank oder in Online-Communities. Die Möglichkeiten sind breit – wir müssen sie nur nutzen. Nicht selten habe ich in unserer Finanz-Heldinnen-Community erlebt, dass nach einer einzigen Nachricht und unserer Antwort darauf endlich ein Haushaltsbuch begonnen, das Geldgespräch in der Partnerschaft gesucht oder der letzte Schritt zur Geldanlage getätigt wurde.

Was ist Ihre Frage, die Sie zum Thema Finanzen und Geld loswerden wollen? Stellen Sie sie und lösen Sie Ihren Knoten!

# 28 | Wie viel Inflation verträgt der Werbemarkt, Thomas Koch?

**Thomas Koch** aka Mr Media ist seit gut 50 Jahren im Media-Business unterwegs

Nach meiner Beobachtung: ungeheuer viel. Ich würde es sogar noch drastischer formulieren. Wenn du als Medium nicht eine ordentliche Portion Inflation mitbringst, hast du bei Werbekunden keine Chance.

Nehmen wir das Fernsehen: TV hat im letzten Jahr 25 Prozent der Zuschauer unter 30 Jahren verloren. Infolge zusätzlicher Preiserhöhungen ist der Tausenderkontaktpreis um 30 Prozent gestiegen. Was machen die Werbekunden? Abwandern? Nein! Die Inflation weckt erst ihre Nachfrage. Sie rennen den TV-Vermarktern die Bude ein. Oder Online-Werbung: Erzähl Marketingleuten, dass der Anteil ihrer Online-Spendings, der Ad Fraud ausgesetzt ist, bei 30 bis 70 Prozent liegt – und sie blicken gelangweilt auf und steigern die Online-Ausgaben. Beweise ihnen, dass entlang der Supply Chain 70 Prozent ihrer digitalen Werbegelder verloren gehen und nie einen Menschen aus Fleisch und Blut erreichen – und sie rufen begeistert: „Alles Geld in digital!"

Nehmen wir dagegen den umgekehrten Fall: Beim Radio sehen wir, was ohne Inflation passiert. Radio geht es prima, die Preise sind stabil. Es ist überhaupt eines der preiswertesten Medien und seine Fähigkeiten als wirksames Medium sind nicht halbwegs ausgeschöpft. Kunden und Agenturen gehen achtlos vorbei. Radio? Hä? Uninteressant. Oder Digital-Out-of-Home: neu, innovativ, digital, bewegtbildlerisch, reichweitenstark, programmatisch, preiswert. „Ach, lass mal stecken", sagen die Kunden, passt gerade nicht. „Wir müssen unser Geld zu Google, Facebook, Amazon schaufeln. Hab für euch leider nichts übrig."

Das Problem, das manche Medien haben, springt einem förmlich ins Gesicht. Es fehlt ihnen an Inflation und Möglichkeiten, Werbegeld inflationär zu verbrennen. So kommen sie natürlich nicht weiter. Der Werbemarkt wird erst dann auf sie aufmerksam – und sie auch einsetzen –, wenn sie die Preise erhöhen, Zielgruppen verlieren oder, noch besser, an Bots senden. Ich empfehle im ersten Schritt eine Preisanhebung von 30 Prozent. Das müsste funktionieren.

**Marco Klewenhagen** ist Geschäftsführer des Magazins „Sponsors"

# 29 | Wie kriege ich andere dazu, mir 10 Millionen zu geben, Marco Klewenhagen?

Bei „Sponsors" berichten wir zwar immer wieder über derlei Summen, aber mich als Unternehmer betreffen sie bisher nicht. Schlicht, weil an einer Kapitalaufnahme bisher kein Bedarf beziehungsweise an einem Verkauf kein Interesse bestand.

Das „Wie" der Frage beschäftigt mich gar nicht so sehr: Wer mir Geld gibt, möchte dafür in der Regel einen Gegenwert in Sach- oder Geldleistung erhalten, der die Chance bietet, das Kapital über Marktzinsniveau zu vermehren. Charme und Überzeugungskraft reichen da kaum. Der Geldgeber wird Finanzdaten und Marktkenntnisse nutzen, um das Wirtschaftsgut zu bewerten.

Doch ein anderer Aspekt beschäftigt mich deutlich mehr. Von wem und zu welchen Bedingungen würde ich 10 Millionen Euro überhaupt annehmen wollen? Habe ich mit dem Geldgeber danach zu tun? In welcher Form? Wie oft? Anders gefragt: Wie frei bin ich danach noch?

Wie bedeutsam die Antworten auf diese Fragen sind, lässt sich nur individuell bewerten. Für mein Wohlbefinden ist es von größter Bedeutung, möglichst selbstbestimmt zu agieren. Diese Freiheit aufgeben? Tja, kommt auf die Bedingungen an. Eventuell sind 10 Millionen Euro auch zu wenig.

# 30 | Ist Geld die größte Religion der Welt, Ursula Ott?

Ihre Frage ist nicht ganz neu. „Woran du nun, sage ich, dein Herz hängst und worauf du dich verlässt, das ist eigentlich dein Gott." Das schrieb Martin Luther 1529 und ätzte: „Es ist mancher, der meint, er habe Gott und alles zur Genüge, wenn er Geld und Gut hat; er verlässt sich darauf und brüstet sich damit so steif und sicher, dass er auf niemand etwas gibt. Sieh, ein solcher hat auch einen Gott: der heißt Mammon."

Hätten Sie Ihre Frage am Anfang dieses Jahrtausends gestellt, hätte sie ins Schwarze getroffen. In den 2000ern wurde bisweilen gepredigt über Menschen, für die „der Kontoauszug zur Bibel", der „Quartalsbericht zur Offenbarung" und die „Lektüre der Aktienkurse zur täglichen Andacht" wurde. Und in Teilen Südamerikas und im südlichen Afrika gibt es bis heute regelrechte „Geldreligionen". Sie werben für sich mit der Frage: „Woran sieht man, dass Gott mich segnet? An meinem Wohlergehen." Damit ist tatsächlich oft viel Geld oder ein dickes Auto gemeint.

Aber hier und heute nehme ich eine andere Stimmung wahr. „Investieren klingt doch voll nach ‚jeder nur für sich'", sagt ein Fußballer im Werbespot der Deka-Bank, die neuerdings um „Sinnvestoren" wirbt. Selbst die Superreichen wollen mit ihren Milliarden vor allem etwas bewirken. Elon Musk sucht politischen Einfluss, Jeff Bezos will den Klimawandel stoppen, Bill Gates

am liebsten alle Krankheiten der Welt heilen.

Machen Sie doch mal den Test in Ihrem Bekanntenkreis. Wer ist der interessanteste Gesprächspartner auf einer Party? Der Kollege mit dem SUV-Dienstwagen? Die Schwägerin mit den Aktiengewinnen? Die Zeiten sind doch längst vorbei. In der Partyküche schart man sich eher um die Freundin, die morgens früh in der Tafel Essen ausgibt. Den jungen Vater, der das Kinderzimmer frei geräumt hat für ukrainische Flüchtlinge. Die haben was zu erzählen.

Ich glaube, die größte Bewegung ist die von Menschen, die für andere und für sich etwas bewirken wollen.

**Ursula Ott** ist Chefredakteurin des evangelischen Monatsmagazins „Chrismon"

Fotos: Alex v. Spreti, PR, Katrin Binner

**Katrin Wilkens** ist Karriereberaterin, Autorin und freie Journalistin

## 31 | Verlieren Frauen ihre Fuckability, wenn sie zu viel übers Geld reden, Katrin Wilkens?

Ja. Beziehungsweise: Sie glauben, dass sie sie verlieren könnten – und deshalb werden sie unsicherer, unattraktiver und so weiter und so fort. Glaubst du nicht? Schick eine finanziell erfolgreiche Frau auf eine Party und lass sie FDP-like über ihre Erfolge reden. Die steht allein da, wie mit Mundgeruch und Herpes.

Frauen glauben, dass sie gut mit Geld umgehen können, aber nicht, dass sie gut Geld verdienen sollten. Für Männer ist Geld Wertschätzung, für Frauen Entwertung. Das kriege ich in meiner Berufsberatung für junge Mütter nach der Babypause seit zehn Jahren mit. 2.000 Mal schon habe ich gehört: „Wenn ich Geld verlange, mache ich die Arbeit doch nicht mehr aus Leidenschaft." Ein Mann würde kontern: „Ich würde keine Arbeit machen, wenn ich dafür kein Geld bekäme, sonst wäre es doch ein Ehrenamt." Wir leben nun mal nicht in einer Arbeits-Kultur, die Sympathie und Bescheidenheit belohnt, erst recht nicht, wenn es um so etwas Ekliges wie Rente oder Altersvorsorge geht. Deswegen muss die Politik dort eingreifen, wo Natur und Kultur aus Scham scheitern: Das Entgeldtransparenzgesetz ist ein erster Schritt, die Gehaltsdecke ein wenig zu lupfen. Foto-freie Bewerbungen ein nächster.

Vor allem aber liegt es an uns, diese Tabulosigkeit an unsere Kinder weiterzugeben. Wenn ich meine drei Kinder zum Tischdecken rufe, springt mein Mädchen nach den Tellern, meine Jungs fragen: „Und was habe ich davon?" Für sie ist es viel normaler, einen Gegenwert für Hilfe, Arbeit, Zeit einzufordern. Es liegt an mir, dass meine Tochter gleich viel Taschengeld bekommt wie ihre Brüder – im Durchschnitt bekommen Mädchen 10 Prozent weniger. Es liegt an mir, ihr Argumente für Arbeitswert und den Brüdern einen Sinn fürs Gemeinwohl mitzugeben.

Und es liegt an mir, das Thema Geld nicht automatisch mit Männern gleichzusetzen. Bei der nächsten Gartenparty stelle ich mich mal neben eine fremde Frau und frage: „Und was verdienst du so?" Sollte sie mir nüchtern antworten, sind wir in der Emanzipationsbewegung einen großen Schritt weiter.

Fotos: PR, Matthias Hubert, Frank Beer

## 32 | Wie kann ich verhindern, dass mein Geld die Welt schlechter macht, Jörg Weber?

Indem ich mein Geld dort anlege, wo es die Welt besser macht. Leider ist das nicht so einfach wie es klingt. Immerhin, einen leichten Weg gibt es: den Wechsel zu einer der echten, nachhaltigen Banken.

Selbst wenn man bei einer solchen Bank das Geld auf dem ach so uncoolen Sparbuch parkt oder als Festgeld, kann man sicher sein, was das Geld dort macht. Es wird ja in der Regel von der Bank als Kredit vergeben. Und die grünen Kreditinstitute berichten, an wen sie Geld verleihen. Das sind dann eben nicht die Unternehmen, die unfair spielen, sondern es sind Erneuerbare-Energie-Firmen, Kindergärten, Krankenhäuser und grüne Startups. Allerdings: So parkt man Geld nur, die Zinsen sind kaum der Rede wert. Also, wo gibt es Rendite aus guten Geschäften? Wer mit ein bis zwei Prozent Zins zufrieden ist und auf Sicherheit Wert legt, kann in Mikrofinanzfonds investieren. Sie verleihen im Endeffekt Geld vor allem an Kleinstunternehmerinnen in Schwellenländern. Ein echtes soziales, nachhaltiges Investment.

Der Trend geht derzeit aber eher in Richtung nachhaltige Aktien, Fonds oder ETFs. Jetzt muss man sich nur vor Augen führen, was an der Börse geschieht: Wenn ich – oder ein Fonds oder ETF – von einer Aktionärin eine Solaraktie kaufe, landet mein Geld bei der Aktionärin. Logisch. Aber Achtung: So fließt ja überhaupt kein Geld in das Solarunternehmen! Und was die Aktionärin mit dem Geld anstellt, weiß ich als Käufer der Aktie nicht.

Wenn man in Aktien investieren will und Wert legt auf die Wirkung, dann gibt es folgende Optionen: Entweder kauft man Aktien und nutzt das damit verbundene Stimmrecht aus – da ist man natürlich nur ein Tropfen in einem Ozean aus Stimmrechten. Oder man wählt einen Aktienfonds aus, dessen Management bei Hauptversammlungen oder in Dialogen mit dem Vorstand einer AG seine Macht für etwas Gutes einsetzt. Jahr für Jahr. Von diesen nachhaltigen Aktienfonds gibt es einige, und wir haben in Tests beeindruckende Beispiele für dieses sogenannte „Engagement" gesehen.

Bei nachhaltigen ETFs dagegen haben wir so etwas noch nicht entdeckt. Dafür aber viel Grünwäscherei und leere Versprechungen.

**Jörg Weber** ist Gründer, Herausgeber und Chefredakteur von Ecoreporter.de

**Beat Balzli** ist Chefredakteur der „Wirtschaftswoche"

## 33 | Was ist der sicherste Weg zu Wohlstand, Beat Balzli?

Nicht zu glauben, es gäbe einen sicheren Weg zu Wohlstand. Aber wer mehr kann, will und gibt als der Durchschnitt – ohne dabei weder Familie, Freunde noch den Faktor Spaß zu vernachlässigen –, erhöht die Wahrscheinlichkeit, ihn zu erreichen.

**Horst von Buttlar**

Geb. 1975 in Hamburg
1996 Studium Slawistik,
Geschichte, Politik-
wissenschaft in
Heidelberg und Berlin
2002 Ausbildung an der
Deutschen Journalisten-
schule in München
2007 Teamleiter Agenda/
Reportagen bei der
„Financial Times
Deutschland" in Hamburg
2011 Bucerius Fellow an der
Harvard University
2013 Chefredakteur
„Capital", bei
Gruner + Jahr in Berlin
2020 Podcast „Die
Stunde Null"
2022 zusätzlich Co-Chef-
redakteur ntv, Wirtschaft
& Wissen bei RTL

# „Wirtschaft ist manchmal wie eine griechische Tragödie"

Seine Vorfahren waren Raubritter, von Finanzen hatte er lange keine Ahnung: Horst von Buttlar, Chefredakteur von „Capital", erklärt, was ihn an Greta Thunberg stört und am Kapitalismus fasziniert

Von Roland Karle (Text) und Holger Talinski (Fotos)

9,50 Euro

Capital. Capital. Capital. Capital. Capital. Capital. Capital. Capital. Capital. Capital. Capital. Capital. Capital. Capital. Capital. Capital.

**Horst, was macht „Capital" als Zentralorgan des Kapitalismus eigentlich in Berlin – gehört ihr nicht in die Bankenstadt Frankfurt?**

Wir haben beim Neustart 2013 tatsächlich überlegt: Berlin oder Frankfurt? Von unserem Kern her hätten wir nach Frankfurt gehen müssen. Aber Berlin stand mehr für Aufbruch. Viele Startups und ihre wichtigen Köpfe sind nur drei U-Bahn-Stationen von der Redaktion entfernt, Mittelständler haben ihre Innovationslabore in Berlin, die neue Finanzindustrie ist hier. Das war genau der richtige Ort für den Neuanfang von „Capital", und ist es bis heute.

**Was gefällt dir besonders an Berlin?**

Ich kann hier völlig abtauchen und für mich sein. Und genauso kann ich jederzeit Leute treffen, mich verabreden, Gespräche führen. Menschen zieht es nach Berlin.

**Wenn du essen gehst, wohin lieber: in Konnopkes Currywurstbude oder ins Borchardt?**

Im Borchardt bin ich selten. Das Schnitzel ist gut, aber die Akustik eine Katastrophe. Außerdem bin ich ungern dort, wo alle hingehen. Am liebsten probiere ich Neues aus und folge Empfehlungen. Übrigens, ein Tipp von mir: Unweit der „Capital"-Redaktion am Potsdamer Platz ist der Midtown Grill, da gibt's fantastische Burger.

**Du trägst einen adligen Namen. Sind die von**

**Buttlars noch reich und mächtig?**

Die von Buttlars waren leider nie reich und mächtig. Und ich fahre auch nicht mit der Kutsche ins Büro und werfe mit dem Reichsapfel um mich. Das sind alles Klischees. Meine Vorfahren waren Raubritter, die auf ihrer Burg saßen und auf der Handelsroute Frankfurt-Leipzig regelmäßig Kaufleute überfallen haben.

**Das Raubritter-Gen ist dir nicht vererbt worden?**

Nee, auch wenn manche gerne eine Verbindung zum „Capital"-Chef und zum Raubtierkapitalismus spannen möchten.

**Habt ihr irgendwo ein Schloss?**

Das ist auch so eine verbreitete und meist falsche Vorstellung. Diejenigen, denen noch ein Schloss gehört, haben oft schlaflose Nächte – es sei denn, sie haben Windräder. Denn alle 50 Jahre braucht es ein neues Dach, und das frisst ihnen die Haare vom Kopf. Wir besitzen einen seit Generationen verpachteten landwirtschaftlichen Betrieb in der Nähe von Herleshausen in Hessen. Dort steht ein historisches Gutshaus mit sehr schönem Garten. Das ist für meine Familie ein Treffpunkt und Rückzugsort. Im ersten Lockdown waren wir wochenlang dort.

**Wie wichtig ist das Adelserbe für dich?**

Die von Buttlars sitzen seit 700 Jahren in dieser Gegend, da sehe ich mich ▶

Im Konferenzraum der „Capital"-Redaktion in Berlin mit direktem Blick auf die Reichstagskuppel planen Horst von Buttlar und sein Team die nächste Ausgabe

eher als Treuhänder für meine Generation. Wenn wir dort sind, repräsentiere ich nicht, sondern schaue nach dem Rechten. Da wird Holz gehackt, Rasen gemäht, und wenn Dorffest ist, sind wir auch dabei. Ansonsten spielt der Adel für das Leben unserer Familie keine Rolle.

**Musstest du jemals mit wenig Geld auskommen?**
Den größten Teil meines Lebens war das so. Mein Vater ist gestorben, da war ich vier. Als Kind einer alleinerziehenden Mutter und mit zwei Geschwistern war nie viel Geld da. Meine Mutter hat uns das nicht spüren lassen, uns fehlte es an nichts, es hat immer für Hobbys und so gereicht. Aber in Kindheit, Jugend und Studium war ich gewohnt, wenig Geld zu haben.

**Hast du früh eigenes Geld verdient?**
Lassen wir mal Eintritte für den Schneckenzoo und Kastanienverkauf außen vor, dann war mein erster richtiger Job: Balljunge beim Tennisturnier am Rothenbaum. Da gab's drei Mark pro Satz und man durfte den Trainingsanzug behalten, was ich besonders cool fand, wenn Lacoste Sponsor war. Später bin ich zum Linienrichter aufgestiegen, da bekam ich sieben Mark pro Satz. Das Turnier war leider nur einmal im Jahr. In der restlichen Zeit habe ich vor allem Nachhilfe gegeben.

**Wie hast du dein Studium finanziert?**
Ich bekam ein bisschen Unterstützung von zu Hause und habe neben der Uni vor allem Redaktionsdienste in Lokalzeitungen gemacht.

**Hat sich deine Mutter Sorgen gemacht, was aus ihrem Jungen mal werden wird?**
Ich wollte Schriftsteller werden, Drehbuchautor, Musicals schreiben. Meine Mutter hat mich bestärkt in meiner Leidenschaft zu schreiben, aber auch gefordert, aus meinen Talenten etwas zu machen. Meine Schwester ist Juristin, mein Bruder und meine Vettern sind alle Unternehmer geworden. Ich galt in unserer Familie als der Schöngeist und Träumer.

**Wann hast du begonnen, dich intensiv für Geld zu interessieren?**
Eigentlich erst so richtig mit dem Job bei „Capital". Ich erinnere mich an eine Liedzeile bei unserer

Hochzeitsfeier: „Er wird sich mit Dichten und Schreiben sein Leben vertreiben. Nur reich wird er nie." Dass ich Journalist geworden und in der Wirtschaft gelandet bin, ist wirklich Zufall. Aber seit ich mich beruflich mit Unternehmen, Gründern, Geldanlage und Börsen beschäftige, habe ich eine Faszination für das Thema entwickelt.

**Warum, glaubst du, beschäftigen sich so viele Menschen ungern mit Finanzen?**
Weil das für sie so erfreulich ist wie ein Zahnarztbesuch. Es macht halt keinen Spaß, sich mit Altersvorsorge zu beschäftigen und auszurechnen, was im Jahr 2048 übrigbleiben wird. Auch wenn die meisten Leute wissen, dass es wichtig ist. Bei Aktien ist das etwas

anders. Die Vorstellung, dass einem ein Teil eines Unternehmens gehört, finde ich toll.

**Sagst du das aus eigener Erfahrung?**
Ja, ich besitze zum Beispiel Apple-Aktien. Die habe ich damals gekauft, weil mich geärgert hat, dass das iPhone so teuer war. Also habe ich mir gesagt: Wenn ich als Kunde so zur Kasse gebeten werde, will ich als Aktionär daran mitverdienen.

**War das dein erster Aktienkauf?**
Meine erste Aktie war Lycos Europe, die Suchmaschine, die mit dem schwarzen Hund geworben hat. Da habe ich alle Fehler gemacht, die ein Anfänger machen kann. Für den Aktienkauf habe ich mir 2.000 Mark von meiner Mutter geliehen.

Der Kurs startete bei 24 Euro, danach stürzte er ab. Lycos war eine der ersten Aktien am Neuen Markt, die nicht zündete. Irgendwann habe ich verkauft – zu 70 Cent. Den Kredit habe ich bitter abstottern müssen.

**Was hat dich die Erfahrung gelehrt?**
Ich habe später einmal Vietnam-Zertifikate gekauft, der Markt galt als zukunftsträchtig, hat aber auch nicht geklappt. Sagen wir so: Ich habe alle Fehler gemacht, um zu verstehen, worauf es ankommt. Mir geht's nicht darum, schnelles Geld zu machen. Ich kaufe mir Aktien, um sie auf Dauer zu halten.

**Was hältst du von Krypto-Geld?**
Das gern erzählte Narrativ geht ja so: Kryptowährun-

gen lösen ein korrumpiertes Finanzsystem ab und machen die Welt besser. Tatsächlich haben ein paar wenige mit Krypto viel Geld gemacht, aber es ist hochspekulativ, nutzlos im Alltag und wird in großem Stil für illegale Geschäfte benutzt. Was soll daran toll sein? Ich betrachte digitale Währungen nicht per se als Teufelszeug, aber das ist noch ein sehr unreifer Markt.

**Wenn hier schon der „Capital"-Chefredakteur spricht: Was ist deine Empfehlung für junge Leute, ihr Kapital zu mehren?**
Vor allem sollten sie früh mit dem Sparen anfangen. Mein Rat ist leider klassisch: Ein günstiges Depot eröffnen, etwa bei einer seriösen Direktbank, und regelmäßig in einen

breit gestreuten ETF investieren, zum Beispiel den MSCI World, dazu vielleicht noch in zwei, drei Fonds. Und dann nicht beim ersten Crash die Krise kriegen, sondern durchhalten. Bei Einzelaktien finde ich wichtig, sich mit dem Unternehmen zu befassen und sich einzulesen.

**Was war dein bisher bestes Investment?**
Nach der Schule auf ein College in den USA zu gehen. Meine Großmutter hatte mir ein bisschen Geld gegeben, damit habe ich den Aufenthalt finanziert. Sie hat im Krieg alles verloren und mir mal den Satz gesagt: Was du erlebt und im Kopf hast, das kann dir keiner mehr nehmen.

**In deinen Kolumnen und Podcasts erklärst du** ▶

dem Publikum die Welt der Wirtschaft. Dabei hast du Slawistik und Geschichte studiert. Wie passt das?

Als ich mit der Journalistenschule fertig war, gab es kaum Jobs. 2004 wurde mir bei der „Financial Times Deutschland" eine Schwangerschaftsvertretung für sechs Monate angeboten. So bin ich in den Wirtschaftsjournalismus reingerutscht, der Rest war „Learning by doing". Es gibt sicher manche, die besser Bilanzen lesen können oder kundige Volkswirte sind, aber am Ende geht's darum, das Wesentliche zu verstehen und vor allem: in Geschichten zu denken.

**Was fasziniert dich an Wirtschaft?**

Für Journalisten ist die Wirtschaft ein unerschöpflicher Quell von immer neuen Themen,

**»Ich finde die Bewegung gut, aber mich stört die ständige Apokalypse, die Fridays For Future postulieren«**

Trends und spannenden Geschichten. Ich treffe interessante Menschen mit Ideen, es gibt Skandale, man blickt in Abgründe. Wirtschaft ist manchmal wie eine griechische Tragödie. Vor allem verändert sich so vieles in kürzester Zeit. Ich beschäftige mich sehr intensiv mit dem Umbau der Wirtschaft zur Klimaneutralität, schreibe darüber auch ein Buch. Sich hineinzudenken, was das mit Industrien wie Au-

to, Stahl, Zement, Chemie macht, ist für mich im besten Sinne herausfordernd. Die grüne Gründerzeit ist irre spannend.

**Wofür hat sich der junge Horst von Buttlar engagiert oder gar demonstriert?**

Ich habe als Schüler mitprotestiert gegen Sparpolitik, aber ich bin nicht so der Demo-Typ, der in Menschenmassen Parolen ruft, selbst wenn ich das Anliegen teile. Mir hat es schon früher mehr Spaß gemacht, von außen draufzuschauen und zu berichten.

**Wenn du heute 17 wärst, würdest du bei „Fridays for Future" mitmachen?**

Aufgrund meiner Demo-Phobie wohl nicht, auch wenn ich die Bewegung prinzipiell gut finde. Was mich allerdings stört, ist die ständige Apokalypse,

die Fridays for Future und Greta Thunberg postulieren. Ich möchte nicht, dass meine Kinder Angst vor dem Untergang haben, sondern ihnen beibringen, dass die Probleme dringend und gewaltig, aber auch lösbar sind. Durch neue Technologien werden wir viel erreichen.

**Wie siehst du auf den Kapitalismus: Löst er die Probleme der Welt oder schafft er immer neue?**

Der Kapitalismus hat schon immer beides gemacht. Er war Quell neuer Erfindungen und von Unternehmertum, aber er hat durch Gier und Exzesse auch Finanzkrisen und Ungleichheit hervorgerufen.

**Was stört dich konkret am Kapitalismus?**

Ich habe kein grundsätzliches Problem mit ▶

# Mehr Treffsicherheit?
## Dann ist das Ihr call to action:
## +49 69 7595-1947

Kennen Sie unseren Service der media solutions? Die Spezialisten hier filtern aus dem breiten Medienspektrum der dfv Mediengruppe genau die Lesergruppe heraus, die für Sie maßgeschneidert ist. Und das weit über Ihre eigene Branche hinaus. Denn das umfassende Medien- und Produktportfolio erreicht nicht nur den deutschen Mittelstand, sondern auch Start Ups und Großunternehmen aus 11 Branchen. Alle Entscheider:innen, Meinungsführer:innen, Unternehmer:innen. Da wird aus unseren Leser:innen Ihre Kundschaft.

Was das für Sie bedeutet stellen wir Ihnen gerne vor.
Jetzt auf dfv-media-solutions.de inspirieren lassen oder gleich Kontakt aufnehmen.
Timo Leukel | +49 175 7538817 | timo.leukel@dfv.de

Jetzt inspirieren lassen.
dfv-media-solutions.de

Das Premium Ihrer Kommunikation

dfv
media solutions

dem Kapitalismus, weil er unterm Strich Wohlstand für Milliarden von Menschen geschaffen hat. Ebenso wenig bin ich gegen Gewinnstreben und Profite. Mich faszinieren Unternehmen, die die Welt erobern. Wo sich Kapitalismus jedoch von der realen Welt und ihrer Wertschöpfung entkoppelt, schadet er. Das betrifft vor allem Teile der Finanzindustrie. Wenn sie nichts mehr zu tun haben mit der realen Wirtschaft, dann sind sie ein „Useless Business", wie Mark Carney, der ehemalige Gouverneur der Bank of England, mal gesagt hat. Wenn jemand auf die Pleite eines Autobauers wettet und damit hundert Mal so viel verdient wie jemand, der ein Auto baut, dann stört mich das gewaltig. Deshalb muss man den Kapitalismus immer wieder regulieren, zügeln, eindämmen, damit er sich nicht selbst verschlingt.

**Braucht Deutschland mehr Umverteilung, um die Kluft zwischen Arm und Reich zu verringern?**
Umverteilung finde ich okay, nur: Dass die Schere immer weiter auseinandergeht oder dass nur „die da oben" verdient haben, ist ein Mythos. Dazu genügt ein Blick in den jüngsten Armuts- und Reichtumsbericht der Bundesregierung. Vom Aufschwung der vergangenen Jahre haben alle Einkommensklassen profitiert, was unter anderem an kräftigen Reallohnsteigerungen und am Mindestlohn liegt. In Deutschland gibt es seit jeher eine gesunde Umverteilung über Sozial-

systeme und Steuern, und der Wohlstandsgewinn der letzten 15 Jahre wurde unter Führung der Großen Koalitionen breit verteilt, zum Beispiel für Grundrente, Mütterrente, höheres Bafög.

**Pandemie, Krieg und Klimakrise verschlechtern die Bedingungen erheblich. Wie kommen wir da durch?**
Die Inflation mit ihren hohen Energiepreisen trifft vor allem kleine und mittlere Einkommen direkt. Gleichzeitig werden die Spielräume des Staates kleiner, weil Großinvestitionen in Klimatransformation und Rüstung anstehen. Der Ukraine-Krieg und die Energiekrise können zu Wohlstandsverlusten führen und neue Verteilungsfragen aufwerfen.

**Zurück zu „Capital": Das Magazin hat gerade seinen 60. Geburtstag gefeiert. Zu Bestzeiten wurden rund 300.000 Hefte verkauft, heute nur noch ein Viertel davon. Wie lange gibt's „Capital" noch gedruckt?**
Das Magazin ist und bleibt unsere Herzkammer. Ohne das Heft ist eine solche Marke nicht vollkommen. „Newsweek" hat mal versucht, ausschließlich digital zu sein – ohne Erfolg. Mittel- und langfristig werden sich Magazine zu Premiumprodukten entwickeln, mit höherem Preis und niedriger Auflage, ergänzt um digitale Angebote. Aber ich glaube, dass es für eine gestaltete Ausgabe, für das Zusammenspiel von Text, Bild und Grafiken, noch lange einen Markt geben wird.

**Unter 40-Jährige, die am Kiosk nach „Capital" fragen, sind so selten wie Champagner an der Currywurst-Bude. Was tut ihr, um junge Leute zu erreichen?**
Klar, die jüngere Generation liest weniger Magazine. Die Zahlen sind eindeutig. Aber es gibt sie und die müssen wir pflegen. Nicht nur mit Print, sondern mit einer Vielzahl an „Capital"-Angeboten. Unsere jüngste Abonnentin, die wir in der Jubiläumsausgabe vorstellen, ist 22.

**Wie wahrscheinlich ist es, dass Podcasts und Newsletter bald mehr „Capital"-Ertrag bringen als das klassische Magazin?**
Am Ende profitieren wir von einem guten Mix. Das ist heute schon so. Über alle Kanäle hinweg hatte „Capital" noch nie eine höhere Reichweite. Podcasts spielen dabei eine wichtige Rolle und verdienen auch schon Geld. Hinzu kommen Capital+ als Paid Content im Netz, Kooperationen, Siegelgeschäft und künftig noch mehr TV. Entscheidend ist die Mischung, nicht die Frage nach Print.

**Zum Schluss drei Zitate von Karl Marx, dem Urvater des Marxismus, und Autor des berühmten Werkes „Das Kapital": „Die Philosophen haben die Welt nur verschieden interpretiert, es kommt darauf an, sie zu verändern." Was würdest du sofort ändern, wenn du es könntest?**
Als erstes würde ich den Krieg beenden, dann die globale Temperatur um anderthalb Grad herun-

terdrehen. Und wenn ich Diktator wäre, würde ich diese Bierbikes verbieten, weil sie mich persönlich nerven.

**„Die Religion ist der Seufzer der bedrängten Kreatur, das Gemüt einer herzlosen Welt, wie sie der Geist geistloser Zustände ist. Sie ist das Opium des Volkes." Ist Konsum die neue Religion?**
Nein. Wir müssen unseren Konsum ändern, und die kritische Haltung dazu wächst. Ich stelle aber fest, dass in der Gesellschaft zunehmend verlorengeht, wofür Religion stand und steht: Bindung, Gemeinschafts- und Zugehörigkeitsgefühl. Durch die Ballung von Krisen sind Menschen erschüttert und suchen irgendwie Halt. Der fehlt, wenn sich Strukturen auflösen, wie etwa Kirchen, Gewerkschaften, Vereine.

**„Die Geschichte aller bisherigen Gesellschaft ist die Geschichte von Klassenkämpfen." Werden die Gräben in der (Welt-) Gesellschaft kleiner oder größer?**
Es werden andere Kämpfe sein in der Zukunft, auch um lebensnotwendige Ressourcen im Zuge des Klimawandels. Die westlichen Gesellschaften ringen um ihr Wohlstandsmodell, ihre Art des Kapitalismus, auch die soziale Marktwirtschaft wird krass herausgefordert durch den Staatskapitalismus asiatischer Prägung. Es wird wichtiger, die Vorteile unseres Kapitalismus, der meistens demokratische Entwicklungen gefördert hat, deutlich zu machen. ∎

**»Wo sich der Kapitalismus von der realen Welt und ihrer Wertschöpfung entkoppelt hat, schadet er«**

Kreatives Kritzeln:
Horst von
Buttlars Notizbuch

# Kapitale Fragen an **Julia Becker***

***Julia Becker** ist Aufsichtsratsvorsitzende der Funke-Mediengruppe

**Der beste Geld-Rat meiner Eltern**
Unsere Eltern haben es stets mit Albert Einstein gehalten: „Die besten Dinge im Leben sind nicht die, die man für Geld bekommt." Sie haben uns Kindern immer deutlich gemacht, dass wir zwar privilegiert sind, weil genug Geld da ist und materieller Wohlstand Sicherheit gibt, aber unser Glück nicht vom Geld abhängt.

**Damit habe ich mein erstes Geld verdient**
Ich habe in den Schulferien manchmal als Betreuerin auf dem Ponyhof gearbeitet, gegen Kost und Logis. Dabei habe ich das Wesentliche gelernt, um später in Verlagsgremien bestehen zu können.

**Meine erste große Anschaffung**
Paddy, ein überaus blaublütiger Jack-Russel-Welpe. Mit ihm bin ich nach dem Abitur zum Studium nach München und später nach Münster gezogen, er hat mir übers Heimweh hinweggeholfen und war über viele Jahre ein wichtiger, wenn nicht der wichtigste Begleiter. Paddy hat im Laufe der Jahre durch meine Praktika viel Medienkompetenz erlangt – inkognito natürlich.

**Mein kuriosester Aushilfsjob**
Ich habe für RTL in einem Keller Kulissen geschoben und dabei gelernt, welche manipulative Kraft Inszenierungen haben können.

**Ich könnte mein Geld auch verdienen als**
Life-Coach, besonders gern für Männer über 55, die sich in der Medienbranche verwirklichen. Ein Logistik-Unternehmen hätte ich aber bestimmt auch leiten können. Oder einen Zirkus.

**Die beste Investition meines Lebens**
Privat: unser uralter und wunderschöner Kotten im Münsterland, der noch viel mehr ist als ein Zuhause. Beruflich: die Übernahme sämtlicher Funke-Anteile durch meine Geschwister und mich.

**Die schlechteste**
Privat: ein Jahresabo im Fitnessstudio kurz vor dem ersten Lockdown. Beruflich: die ein oder andere Geschäftsführer-Tantieme.

**Die schönste Art Geld auszugeben**
Reisen mit der Familie (inklusive Souvenirs). Investitionen in Projekte, die das Leben von Menschen besser machen.

**Wichtiger als Geld ist**
Dankbar sein zu können – für das Glück, ein Leben in Freiheit und Frieden führen zu dürfen.

## Kapitale Fragen an **Norbert Rollinger***

**\*Norbert Rollinger**
ist Vorstandsvor-
sitzender der R+V
Versicherung

**Der beste Geld-Rat meiner Eltern**
„Jeden Tag eine Stunde mehr arbeiten als die anderen."

**Damit habe ich mein
erstes Geld verdient**
Verkauf von Spielsachen auf dem
Flohmarkt als Zwölfjähriger.

**Meine erste große Anschaffung**
Ein Klavier.

**Ich könnte mein Geld auch
verdienen als**
Der Job des Bundesbankpräsidenten
erschien mir als Abiturient sehr
attraktiv.

**Mein kuriosester Aushilfsjob**
Anstich eines Bierfasses bei einer
Delegiertenversammlung (der im
wahrsten Sinne des Wortes „in die
Hose ging").

**Die beste Investition meines
Lebens**
Die Ausbildung meiner Kinder.

**Die schlechteste**
Falls es hier je etwas gegeben hat,
habe ich das als Rheinländer längst
verdrängt.

**Die schönste Art Geld auszugeben:**
Herrliche Familienurlaube mit wun-
derbarem Essen und gutem Wein.

**Wichtiger als Geld ist**
Glaube, Liebe, Hoffnung.

## Kapitale Fragen an **Christian Sewing***

**\*Christian Sewing**
ist Vorstands-
vorsitzender
der Deutschen
Bank

**Der beste Geld-Rat meiner
Eltern:**
Ein ganz einfacher: E größer A.
Einnahmen größer Ausgaben.

**Damit habe ich mein erstes Geld
verdient**
Mit Tennistraining, als ich 15 war.

**Meine erste große
Anschaffung**
Ein gebrauchter Golf Cabrio.

**Mein kuriosester
Aushilfsjob**
Es ist vielleicht nicht kurios, aber
eine sehr bleibende Erinnerung
habe ich an meinen Ferienjob in
der Druckerei meines Vaters. Für
drei Wochen stand ich acht Stunden täglich am Band und musste
Schachteln falten – und anschließend noch die Lagerhalle fegen, bis
mein Vater mich endlich abends mit
nach Hause genommen hat. Das war
eine gute Erfahrung, sehr lehrreich.
Meine Schwester und ich mussten
das einmal machen – auch wenn wir
woanders mehr verdient hätten.

**Ich könnte mein Geld auch ver-
dienen als**
Sportjournalist. Das wollte ich ursprünglich werden.

**Die beste Investition meines
Lebens**
Wenn es um etwas Materielles
geht, dann das Haus in den Bergen.
Nirgendwo komme ich so schnell
zur Ruhe.

**Die schlechteste**
Der Golf Cabrio, denn der war in
dunkelbraun metallic. Den wollte
mir hinterher niemand abkaufen.

**Die schönste Art Geld auszugeben**
Wenn es nicht der Familienurlaub
ist, dann freitags nach einer stressi-
gen Woche schön Essen zu gehen.

**Wichtiger als Geld ist**
Vertrauen.

# 10 Podcasts

die beweisen, dass Geld ein gutes Gesprächsthema ist

### Finanzrocker
Daniel Korth machte durch seine ersten Geldanlagen vierstellige Verluste. In Interviews mit Tradern, Honorarberatern und einer Zukunftsforscherin spricht er nun über Rentenversicherung, Humankapital, Krypto und NFTs – in der Hoffnung, dass Zuhörende aus seinen Fehlern lernen.

finanzrocker.de

### Auf Geldreise
Für Anja Ciechowski und Anika Kohl schienen Finanzthemen zu komplex, um damit anzufangen. Weil es anderen Frauen ähnlich geht, erklären sie die Dinge nun so, wie sie sie gerne erklärt bekommen hätten, geben Tipps und sprechen über eigene finanzielle Entscheidungen.

finanztip.de/podcast/
auf-geldreise

### Alles auf Aktien
Die „Welt"-Wirtschaftsredaktion veröffentlicht ihren Börsen-Überblick von Montag bis Freitag um sieben Uhr morgens. In zehn Minuten fassen die Journalistinnen die wichtigsten News zu Aktien und Unternehmen zusammen. Außerdem gibt es ein Thema des Tages und Inspiration für neue Investments.

welt.de/podcasts/
alles-auf-aktien

### What the Finance
Wie planen Paare eine gemeinsame finanzielle Zukunft? Wo können Ausgaben im Alltag reduziert werden? Host Anissa Brinkhoff spricht mit Frauen aus der Finanzbranche und lässt sich erklären, was es bedeutet, Ordnung ins Finanz-Chaos zu bringen.

brigitte.de/academy/
what-the-finance

### Female Finance
Sängerin Leslie Clio erzählt von Frauen in der Musikbranche, Unternehmerin Diana zur Löwen von Aktien und ETFs – abwechslungsreich sind Janin Ullmanns Gästinnen allemal. Alle 14 Tage spricht sie mit Expertinnen über Altersvorsorge, Geldanlage und den Weg in die Selbstständigkeit.

financefwd.com/de/
female-finance

### HerMoney Talk
Die Frau steht auch in diesem Geld- und Karriere-Podcast im Mittelpunkt. „HerMoney"-Gründerin Anne Connelly spricht wöchentlich in 25-50 Minuten über Finanzmanagement, Karriereplanung, Investieren, Altersvorsorge und familiäre Finanzen – alles, was frau für ihre finanzielle Unabhängigkeit wissen muss.

hermoney.de/podcast

### Economista
Der Sommer kommt, die Lust auf Urlaub ist da, aber das Geld fehlt? Das WDR-Duo Nora Wanzke und Sebastian Moritz gibt in jeweils 25 bis 40 Minuten praktische Tipps zum sparsamen Reisen oder Online-Shopping und erklärt, welche Versicherungen wichtig sind.

ardaudiothek.de/sendung/
economista/10009343

### Die Krypto-Show
Für die einen ist es die Zukunft des Geldes, für die anderen unnötig und umweltschädlich – Kryptowährungen sind in aller Munde. Blockchain-Experte Julian Hosp erklärt, was es mit Bitcoin, Dash und Ethereum auf sich hat und thematisiert die aktuelle Lage der Kryptowährungen.

julianhosp.com/de/
kryptoshow-podcast

### Der Finanzoptimist
Nachhaltigkeit ist das Thema der Stunde und spielt auch bei der Geldanlage eine Rolle. Philipp Achenbach erklärt, wann ein Investment als nachhaltig gilt und was der Begriff Nachhaltigkeit in diesem Zusammenhang überhaupt bedeutet.

finanzoptimist.com

### How I met my money
Journalistin Lena Kronenbürger hat vor dem Podcast wenig mit Finanzen am Hut, Ingo Schröder ist Finanzexperte. Gemeinsam fragen sie nun Expertinnen, wie Emotionen und der Kontostand zusammenhängen und ob Investmentbanker wirklich alle gewissenlose Arschlöcher sind. Außerdem philosophieren sie über Geld und Liebe.

howimetmymoney.de

# Chefredaktions-Talk

W&V

## DAS BELIEBTE DIGITALFORMAT FÜR DIE MARKETINGSZENE.

Hier werden die heißesten Themen aus Marketing und Kommunikation diskutiert. Kurz und knapp. In 60 Minuten. Einmal im Monat. Geballtes Wissen. Im Video-Livestream.

**Wir freuen uns auf euch! Verena Gründel und Rolf Schröter.**

JETZT KOSTENLOS ANMELDEN!

*Die nächsten Termine sind:*

*// 14. Juni: Erfolgsstrategien für die Cookieless Future*

*// 12. Juli: Recruiting-Strategien für den Fachkräftemangel*

*// 9. August: Inflation – das sind die Auswirkungen auf die Marketingbranche*

*// 13. September: Die Potenziale von Digital out of Home*

# »Finanzberatung sollte funktionieren wie beim Frisör«

Als Kind organisiert Hava Misimi Taschengeld für sich und ihre Geschwister. Heute bloggt und berät sie zum Thema Finanzen – und will allen Mut zum Anlegen machen

Von Anne-Nikolin Hagemann (Text) und Johannes Arlt (Fotos)

Wie sich 500 Euro dank Zins und Zinseszins verzehnfachen, kann Misimi immer vorrechnen: Den Taschenrechner hat sie überall dabei

**Hava, wir treffen uns heute auf dem Spielplatz. Erinnert dich hier etwas an die Finanzwelt?**
Die Schaukel und die Wippe – dieses Auf und Ab, manchmal innerhalb von Sekunden, ist normal, wenn ich an der Börse investiere. Manche Menschen fühlen sich wohl mit dem Bauchkribbeln, das dabei entsteht. Andere müssen sich übergeben.

**Welcher Typ bist du?**
Ich bin risikoaffin – aber nur bis zu einem gewissen Grad. Wenn es überschaukelt, der Börsenkurs zu stark schwankt, fühle ich mich nicht wohl.

**Welches Gerät wäre was für dich?**
Das Klettergerüst ist ein gutes Bild für die Finanzplanung: Ich kann nicht einfach einmal springen und bin dann oben, sondern muss mich Schritt für Schritt zu meinem Ziel hangeln, Ausdauer beweisen. So läuft das auch beim Anlegen. Platt gesagt: Ich kann nicht einfach einmal 5.000 Euro schlau investieren und bin dann Millionär. Anlegen ist ein Prozess, der nur selten gerade nach oben verläuft, sondern im Zick-Zack-Kurs.

**Ist das Klettergerüst geschafft, wartet die Rutsche. Manche Kinder hier stürzen sich direkt runter, andere brauchen länger, bis sie sich trauen. Wer hat später mehr Erfolg als Anlegerin?**
Rendite ist im Prinzip eine Prämie dafür, dass ich ein Risiko eingehe. Ein Risiko ist also immer auch eine Chance – du weißt aber nie sicher, ob die so hoch ist, dass daraus ein Gewinn entsteht. Ein gewisses Maß, damit sich beides die Waage hält, ist also auch wichtig. Wer sich kopfüber die Rutsche runterstürzt, kann sich vielleicht etwas brechen. Wer zu vorsichtig ist, klettert vielleicht gar nicht hoch und verpasst das Erlebnis.

**Ist das eine Talentfrage?**
Nein, überhaupt nicht. Das Sich-Trauen kommt mit dem Wissen. Hat man die Mechanismen dahinter verstanden, entsteht der Mut beim Anlegen von selbst.

**Was ist deine früheste Erinnerung zum Thema Geld?**
Ich bin in die Schule gekommen, als der Euro eingeführt wurde. Da durften wir der Lehrerin zehn Mark geben und haben dafür einen kleinen Sack voll Euros bekommen. Ich war total fasziniert davon, dass da nicht eins zu eins umgerechnet wurde, sondern ein Euro zwei Mark wert war. Für eine Mark habe ich eine Brezel beim Bäcker bekommen, für einen Euro zwei.

**War Geld bei euch zuhause Gesprächsthema?**
Mein Papa hat oft samstags gearbeitet und uns dann erklärt, dass er das muss, wenn wir uns bestimmte Dinge leisten wollen. Meine Eltern kommen aus dem Kosovo. Für sie hat Arbeit vor allem Geld-Verdienen bedeutet, weil sie hier in Deutschland nicht das tun konnten, wofür sie eine Leidenschaft hatten. Mein Vater hat eigentlich Elektrotechnik studiert, konnte aber hier nur als Elektriker arbeiten, weil sein Diplom nicht anerkannt wurde. Darunter hat er sehr gelit-ten. Denn eigentlich ist er ein echter Zahlen-Freak. Er hat sich immer gefreut, wenn er uns Kindern bei den Mathe-Hausaufgaben helfen konnte.

**Hat er dir diese Begeisterung mitgegeben?**
Ich mag wie mein Vater die Logik hinter den Zahlen. Und dass Zahlen unabhängig von der Sprache funktionieren – zur Kommasetzung und Diktaten konnte ich meine Eltern nichts fragen. Zu Mathe schon.

**Was haben dir deine Eltern über Geld beigebracht?**
Meine Eltern haben mir nie vorgelebt, dass das wenige Geld uns einschränkt – sondern dass Geldverdienen eine Chance zum Möglich-Machen ist. Ich glaube, daher habe ich das kreative Denken beim Thema Geld. Und das Wissen, dass es keine großen Ressourcen braucht, um etwas daraus zu machen. Ich wusste immer: Ich muss eigenverantwortlich klarkommen, weil niemand anklopfen und alles für mich regeln wird.

**Und was haben deine Eltern von dir über Geld gelernt?**
Als erstes: Dass Kinder in Deutschland Taschengeld bekommen. Meine Eltern kannten das Konzept nicht, bis ich ihnen erzählt habe, dass alle in der Schule eigenes Geld kriegen. Das habe ich dann für mich und meine beiden jüngeren Geschwister klar gemacht. Heute fragen mich meine Eltern oft nach Anlage-Tipps. Mein Papa hatte früher mit der Börse nichts am Hut, inzwischen hat er Spaß am Investieren. ▶

# »Ich bin eine Kapitalistin – und die meisten von uns sind das auch«

**Hava Misimi**

| | |
|---|---|
| Geb. | 1994 in Ludwigsburg |
| 2012 | Wirtschafts-Studium, Hohenheim und Lissabon |
| 2017 | Unternehmens-beratung KPMG |
| 2019 | Ausbildung Finanz- und Versicherungs-beratung, berufs-begleitend |
| 2018 | Blog Femance |
| 2019 | Unternehmensbera-tung Mücke, Roth & Company |
| 2021 | Gründung der Finanzberatung Yfinance GmbH |
| 2021 | Erstes Buch „Money Kondo" |

»Risiko ist immer auch eine Chance –
du weißt aber nie, ob die so
hoch ist, dass ein Gewinn entsteht«

**Worin unterscheiden sich deine Generation und die deiner Eltern?**
Ich habe das Gefühl, dass die Gesellschaft heute weniger auf Statussymbole aus ist als früher. Bräuchte ich ein Auto, würde ich ein möglichst zweckmäßiges kaufen. Auch ein eigenes Haus mit Garten ist für mich kein so großes Ziel, wie es das für meine Eltern war. Das hatte bei ihnen aber auch mit dem Hier-Ankommen zu tun. Junge Menschen heute machen sich mehr Gedanken, was sie individuell wollen und weniger, was man so haben sollte. Sie wollen jetzt und hier ein schönes Leben haben – statt heute viel zu arbeiten, um sich morgen XY leisten zu können. Andererseits machen sie immer mehr Konsumschulden. Also irre ich mich vielleicht auch und die Statussymbole sind heute einfach andere.

**Welche zum Beispiel?**
In den sozialen Medien wollen wir alle gefeiert werden für irgendetwas. Für Markenklamotten oder tolle Reisen. Und: Ein Statussymbol hängt ja immer mit der Bewertung zusammen. Wenn ich heute eine Reise als wertvoller einstufe als ein Haus, kann sich das ändern, wenn ich Kinder bekomme oder globale Krisen zunehmen.

**Du hast dir mit 24 eine eigene Wohnung in Stuttgart gekauft, nach zwei Jahren in deinem ersten Job bei einer Münchner Unternehmensberatung. Wie hast du das geschafft?**
Die Gelegenheit war günstig: Mein Einkommen konnte ich selbst steuern, da ich zusätzlich zum Fix-Gehalt Geld für das Erreichen von Zielvorgaben bekommen habe. Weil ich mich in München erst eingewöhnen musste und auch viel gearbeitet habe, habe ich nicht viel für soziale Aktivitäten ausgegeben. Ende 2017 sind auch die Kreditzinsen gesunken. Da habe ich mich hingesetzt und einen Plan gemacht, wie ich genügend Eigenkapital zusammenbekomme. Ich bin sehr diszipliniert, wenn ich mir Ziele setze. Dazu muss man aber wissen: Die Wohnung hat 120.000 Euro gekostet, als Eigenkapital haben 10.000 gereicht. In den Preisen von heute wäre das schwerer gewesen.

**Aber deine Wohnungsmiete in München war sicher auch nicht wenig.**
Für meine Einzimmerwohnung habe ich 850 Euro warm gezahlt. An den Wochenenden, an denen ich zu meinen Eltern gefahren bin, habe ich die Wohnung nach Absprache mit meinem Vermieter über Airbnb angeboten. Während des Oktoberfests habe ich bei meinem Freund gewohnt und die Wohnung auch untervermietet.

**Fleiß und Disziplin – das klingt simpel, aber nicht gerade spaßig.**
Ich habe oft gehört, dass zu viel Disziplin negativ ist. Finde ich gar nicht: Durchhaltevermögen und Stetigkeit sind doch was Gutes. Wenn man beides mitbringt, sich also kontinuierlich mit den eigenen Finanzen auseinandersetzt, ist das auch leichter, als viele denken. Fehlt die Motivation, fällt das schwer.

**Wonach hast du dir damals deinen Job ausgesucht – wolltest du schnell reich werden?**
Mir ist es wichtig, unabhängig zu sein. Und ich habe mir immer eine Sinnhaftigkeit in meinem Job gewünscht, weil ich gesehen habe, wie meine Eltern nur für Geld gearbeitet haben. An der Unternehmensberatung hat mich fasziniert zu sehen, wie sich Dinge verändern, wenn man etwas investiert – sei es Zeit, Geld oder Personal. Dass ich das heute nicht für ein fremdes, sondern für mein eigenes Unternehmen mache, ist natürlich noch schöner. Und das Prinzip kann man natürlich auch auf die eigene Finanzplanung anwenden.

**Die Finanzbranche hat kein gutes Image, das liegt irgendwo zwischen langweiligem Bank- und windigem Anlage-Berater. Kannst du das widerlegen?**
Es gibt weniger schwarze Schafe, als viele denken. Auch der Bankberater meint es nicht schlecht mit dir – er muss einfach in dem Konstrukt bleiben, das sein Arbeitgeber ihm vorgibt. Das schlechte Image kommt aus der Vergangenheit, die Skandale haben die Schlagzeilen gemacht.

**Was machst du besser als mein Bankberater?**
Mir ist wichtig, dass mein Gegenüber alles versteht, was ich sage, dass wir auf Augenhöhe miteinander sprechen. Mein Ziel ist es, jedem erstmal einen Grundstock an Wissen zu vermitteln – dann braucht man auch nicht für alles eine Beratung.

**Schaffst du so nicht dein eigenes Geschäftsmodell ab?**
Finanzberatung sollte funktionieren wie beim Frisör: Die wenigsten gehen dahin und sagen „Mach mal" – und wenn doch, sind sie wahrscheinlich enttäuscht vom Ergebnis. Ich mache mir vorher Gedanken über die Länge, bringe vielleicht ein Foto mit. Das heißt aber ja nicht, dass ich mir selbst die Haare schneide. Ist der Kunde vorbereitet und weiß, wo er hin will, kann sich der Berater leichter in ihn einfühlen – egal, ob es um die Frisur geht, um Versicherungen oder Geldanlagen.

**Welche Rolle spielt Social Media für dich?**
Eine große, weil Social Media eine wichtige Informationsquelle für junge Menschen ist. Sie sehen dort: Die Hava ist wie ich. Das ist eine gute Grundlage, sich mir anzuvertrauen und baut Zugangsbarrieren ab. Auf Social Media kann ja jeder alles sein. Aber gerade das Finanzthema ist ein sensibles, da will man genau wissen, wer einem da was erzählt. Meinen Freund und meine Eltern zeige ich nicht. Wie ich investiere, welche Qualifikationen ich habe und was ich von aktuellen Themen halte, schon.

**Deine Community auf Instagram wächst stetig. Wächst mit der Reichweite auch deine Verantwortung?**
Das Thema ist mir sehr bewusst. In gewisser Weise hemmt es mich auch. Als mein Publikum noch kleiner war, habe ich mir weniger Gedanken um einzelne Posts gemacht. ▶

Ich würde zum Beispiel keine Einzelaktie mehr teilen, die ich kaufe. Elon Musk haut so etwas einfach raus, dann kaufen es alle nach – das finde ich verantwortungslos.

**Wie gehst du mit Kooperationen um?**
Ich kriege sehr viele Kooperationsanfragen, 90 Prozent lehne ich ab. Ich finde es schwierig, da etwas zu empfehlen, weil viele die Empfehlung direkt annehmen, statt sich damit auseinanderzusetzen. Solche Werbung ist auch immer, immer, immer gekennzeichnet.

**Warum teilst du dein Finanzwissen überhaupt kostenlos online?**
Weil das etwas ist, das uns alle angeht. Die Rente sollte nach dem Klimawandel das nächste große Thema sein, das uns beschäftigt. Die gesetzliche Rente wird für niemanden reichen. Trotzdem machen sich viele keine Gedanken darum. Jeder Mensch sollte überlegen, wofür er eigentlich arbeitet und was er mit dem Geld machen will, das er verdient. Das macht den Einzelnen zufriedener und stärkt damit auch uns als Gesellschaft. In einer sozialen Marktwirtschaft wollen wir ja, dass jeder eine bestimmte Lebensgrundlage hat, damit die Grundbedürfnisse gestillt werden – und dann eigenverantwortlich an den eigenen Zielen arbeitet. Dafür braucht man ein Grundwissen. Mir hat die soziale Marktwirtschaft in Deutschland viel ermöglicht. Das möchte ich weitergeben.

**Sollten Finanzen ein Schulfach sein?**

Ein wirtschaftliches Grundverständnis würde allen guttun: Was ist ein Konjunkturverlauf, wie funktioniert ein Zyklus? Warum und wie kann ich in Unternehmen investieren? Wie entstehen Renditen? Dass die großen Fragen alle in der Schule erklärt werden, würde ich mir sehr wünschen.

**Bist du eine Kapitalistin?**
Die Definition einer Kapitalistin ist ja einfach, dass man seine Ressourcen, sein Kapital einsetzt, um mehr daraus zu machen. Die Ressourcen und das Mehr können ja alles sein. Also ja: Ich bin eine Kapitalistin – und die meisten von uns sind das auch. Die meisten von uns arbeiten für Geld, die wenigsten umsonst.

**Das Wort ist also keine Beleidigung für dich?**
Gar nicht! Die komplett freie Marktwirtschaft, wie es sie zum Beispiel in den USA gibt, diesen ganz harten Kapitalismus, den finde ich nicht gut. Ich finde die Kombi aus Eigenverantwortung und Auffangnetz in der sozialen Marktwirtschaft ganz nice. Der Staat soll uns nicht alle Verantwortung abnehmen, sondern uns ermöglichen, als unabhängige Wesen zu leben. Das wollen wir doch alle: frei sein.

**Bauen Social Media, Fintechs, Trading-Apps und Co die Zugangsbarrieren zum Finanzmarkt ab?**
Total! Während Corona hatten wir die höchste Zahl an jungen Neuanlegern, die es jemals gab. Weil die vielen neuen Plattformen es einfacher machen, sich da mal aus-

zuprobieren. Ich muss nicht mehr zur Bank, sondern kann das vom Sofa aus erledigen.

**Bietet das auch Risiken?**
Auf jeden Fall. So etwas wie die Zahlungsverlängerung bei Klarna ist für junge Menschen ohne finanzielle Bildung eine Falle. Dazu höre ich einige persönliche Geschichten. Wenn man via Social Media ständig mit Werbung überschüttet wird, den sozialen Druck verspürt, immer neue Dinge zu kaufen und das schnell, einfach und sogar ohne direkt zu bezahlen geht, ist das verlockend. Und bei einfach zugänglichen Neo-Brokern ist das Risiko da, dass man ähnlich wie beim Glücksspiel süchtig nach dem Glücksgefühl beim Investieren wird und dann ins Zocken kommt, wenn man große Summen leicht hin- und herschieben kann.

**Du plädierst dafür, dass wir alle unsere Finanzen aufräumen. Und was ist mit denen, die keine Finanzen, also wenig oder kein Geld haben?**
Ziele kann man sich immer setzen. Ich kann gucken, ob ich mehr verdienen oder an einer bestimmten Stelle sparen kann, die mir vielleicht gar nicht bewusst ist. Sich mit seinen Finanzen auseinandersetzen, ist der erste Schritt. Wie beim Klettergerüst: Damit bin ich zwar noch lange nicht ganz oben, aber schon mal weiter als am Boden. Und: Heute kann man schon mit ganz wenig Geld eine Anlage starten.

**Was sind die größten Hürden, sich mit Finanzdingen zu beschäftigen?**

Es ist immer eine Kombi verschiedener Vorurteile und Ängste. Aus der Person heraus genau dieses Mindset: „Ich hab ja zu wenig, um etwas damit machen zu können." Bei Frauen vielleicht auch oft: „Mein Partner macht das schon." Gesellschaftlich hat man lange assoziiert: „Investieren ist nur was für Reiche." Wenn man jetzt auf Instagram sieht, dass nicht nur der mit dem Porsche anlegt, sondern auch die mit dem Fahrrad und dem Migrationshintergrund, traut man sich eher. Auch die Finanzbranche selbst muss viel, viel diverser werden, da sitzt man bei der Beratung zu oft einem Mann im Anzug gegenüber. Wenn ich mit jemandem, mit dem ich mich nicht identifizieren kann, über so persönliche Dinge wie meine Finanzen sprechen soll, wird das schwierig.

**Reden wir als Gesellschaft zu wenig über Geld?**
Auf jeden Fall, nicht nur in der Schule, auch später im Privat- und Berufsleben. Übers Gehalt zu sprechen, ist teilweise sogar laut Arbeitsvertrag untersagt. Natürlich sind solche Klauseln nichtig, das kann mir niemand verbieten. Trotzdem ist es kein beliebtes Gesprächsthema.

**Sprichst du privat gerne über Geld, fragst du Menschen auf Partys, was sie verdienen?**
Mit Freunden auf jeden Fall, bei ganz Fremden hätte ich Sorge, ihnen auf die Füße zu treten – obwohl sich das ja ändern sollte. Witzige Geschichte: Letzte Woche habe ich auf Instagram anhand von ▶

ausgedachten Fallbeispielen erklärt, wie man investieren kann, wenn man so und so viel Geld verdient. Danach haben mir unzählige Menschen geschrieben, ob ich sie mal als Beispiel bringen kann – und mir auf den Cent genau Infos zu ihrem Gehalt geschickt, ihrem Job und dazu, wofür sie wie viel ausgeben. Anscheinend ist die Hemmschwelle da schon gesunken.

### Wie viel verdienst du selbst?

Das pauschal zu sagen, ist wegen der unregelmäßigen Einnahmen durch meine Selbstständigkeit schwer. Ich zahle mir selbst 50.000 Euro brutto im Jahr aus. Den Rest der Einnahmen investiere ich ins Unternehmen.

### Bist du reich?

Ja. Für mich bedeutet Reichtum, dass ich in den Supermarkt gehen und kaufen darf, worauf ich Lust habe, ohne auf die Preise zu gucken – und noch andere Leute zum Essen einladen kann.

### Dein Buch heißt Money Kondo, nach der Aufräumexpertin Marie Kondo. Deren Credo: Bringt es keine Freude, weg damit. Ist es in Geldfragen eine gute Strategie, auf sein Bauchgefühl zu hören?

Gefühle sind per se nichts Schlechtes. Niemand kann dir vorgeben, welches Risikoprofil du beim Anlegen hast, da musst du in dich hineinhören. Bei der Anlageentscheidung selbst sollte man versuchen, Gefühle auszublenden und rational zu entscheiden. Oder eben dazu stehen, dass man aus emotionalen Gründen anlegt. Ein

gutes Beispiel ist da das Eigenheim: Das ist oft nicht das Investment, als das es viele sehen, wenn man es genau durchrechnet. Da ist der Kauf keine logische, mit dem Taschenrechner durchgerechnete Entscheidung, sondern eine nach Gefühl. Und wenn ich richtig viel Geld zu investieren habe und das in Unternehmen stecken möchte, die erst am Anfang stehen, muss ich natürlich ein Gefühl für den Markt, für Trends haben. Da kann ich nicht nur auf Zahlenbasis auswählen.

### Wie wichtig ist dir ein gutes Gewissen beim Anlegen?

Ich versuche, bestimmte Branchen aus meinem Portfolio auszuschließen. Dafür kann man zum Beispiel die ESG-Kriterien der EU anwenden, die Abkürzung steht für Environmental, Social und Governance. Die bewerten Umwelt- und Sozialaspekte sowie eine verantwortungsvolle Unternehmensführung und schließen zum Beispiel so etwas wie Rüstungsindustrie und Kinderarbeit aus. Bei solchen Kriterien gibt es verschiedene Abstufungen, was die Strenge angeht. Am nachhaltigsten wäre die Kennzeichnung PAB, Paris Alinged Benchmark, die konform mit den Pariser Klimazielen sein soll. Meine Investments bewegen sich im guten Mittelfeld: Ich unterstütze nicht nur nachhaltige Themen und investiere nicht nur nach ethischen Kriterien.

### Das brächte auch nicht viel Geld, oder?

Es wäre mit viel Risiko behaftet, weil ich da nur in

einer Branche unterwegs wäre. Da tut sich aber gerade was: Mit der Agenda der neuen Bundesregierung und den Änderungen der EU-Vorgaben müssen Unternehmen in Zukunft immer nachhaltiger werden – und dadurch entsprechen immer mehr Portfolios den Kriterien und die Investmentmöglichkeiten werden breiter. Damit sinkt das Risiko nachhaltiger Anlagen.

### Welche Emotionen verbindest du mit Geld?

Mit Geld selbst keine. Aber das, was ich mir durch Geld ermöglichen kann, bringt mir hoffentlich mein persönliches Glück. Natürlich kann ich superreich, aber supereinsam sein. Und Freundschaft kann man sich auch nicht kaufen. Geld allein macht nicht glücklich – aber wenn ich meine Freunde in den Urlaub einladen kann, schon.

### Auf welchen Besitz bist du stolz?

Nicht auf etwas Materielles. Wenn ich all meinen Besitz nicht hätte, käme ich auch klar. Stolz bin ich auf mein Buch. Auch wenn es nur 20 Leute gekauft hätten, wäre ich das.

### Statussymbole sind also nicht dein Ding?

Ich habe eine Handtasche, die ein bisschen teurer war – aber die trage ich jetzt auch nicht täglich spazieren. Vor ein paar Wochen habe ich einen Hund adoptiert, einen fünf Monate alten Mischling aus Zypern. Das habe ich mir gewünscht, seit ich klein war. Der ist für mich ein Symbol dafür, dass ich mir heute meine Zeit frei einteilen kann und unabhängig leben kann. ∎

»Geld alleine macht nicht glücklich – aber wenn ich meine Freunde in den Urlaub einladen kann, schon«

BULLSHIT BINGO
# GELD

**16 Phrasen aus Geldgesprächen,** gesammelt von Highperformer Henning und der turi2-Redaktion. Wer vier Kreuze in einer Reihe hat, darf laut „Bingo!" rufen

| | | | |
|---|---|---|---|
| Der XY hat mal 50.000 Mark in die Telekom gesteckt, ist alles weg | Warren Buffett sagt, dass... | Bald kommt der Crash | Ich hab' kein Geld zum Sparen |
| Jetzt musst du rein! | Hätte ich damals nur Summe X in Unternehmen Y gesteckt, dann... | Das ist eingepreist | Börse ist wie Casino |
| Ich will mein Geld da haben, wo ich es sehen kann | Dieser Tipp ist todsicher | Vermögen beginnt im Kopf | Wenn ich die erste Million habe, dann... |
| Auf dem Konto ist das Geld nichts wert | Die Kurse sind echt volatil | Der Ausverkauf hat begonnen | Das performt gerade richtig gut |

**Highperformer Henning**
erklärt für Funk auf YouTube selbstironisch die Welt des oberen ein Prozent und vermittelt Wirtschaftswissen im Satireformat. Dem sarkastischen Host folgen auf seinem Instagram-Kanal @hedgefonds.henning mehr als 200.000 Menschen

# FUTURE OF MARKETING

**DONNERSTAG, 30. JUNI 2022, 18 UHR, ABEND-EVENT AUF DER DACHTERRASSE DER HANDELSBLATT MEDIA GROUP IN DÜSSELDORF**

## Smarketing

## Post-Cookie Era

## Metaverse

## AI Driven Marketing

Melden Sie sich jetzt an, um in exklusiver Runde mit Marketing Entscheider:innen und der absatzwirtschaft Chefredaktion über die Zukunftsthemen des Marketings zu diskutieren.

### Jetzt bewerben

**www.absatzwirtschaft.de/future-of-marketing**

---

Unsere Partner

# #18_Schlussbesprechung_Turi2_Team

Anne-Nikolin, Ella, Heike, Markus, Nancy, Tim, Uwe, Du

*Ella Beyer ist der Konversation beigetreten*

**Anne-Nikolin**

Schlussbesprechung! Jetzt haben wir drei Monate lang an einem Buch zum Kapital gearbeitet. Seid ihr alle schon reich?

**Ella**

An Erfahrungen auf jeden Fall!

**Uwe**

Mit meiner Tochter zu arbeiten, war jedenfalls eine schöne Erfahrung. Da kann ich mich ja bald bequem zurücklehnen

**Peter**

An morgen denken ist auch gerade mein großes Thema: Der Plan für die editionen bis 2024 steht 👍

**Heike**

Gut so! Als nächstes gibts bei der edition #19 erstmal was auf die Ohren: Audio!

**Tim**

Hört, hört

**Nancy**

🤦‍♀️

**Tim**

Hey, wir haben die Leute schon mit schlechteren Wortspielen erheitert

**Markus**

Zu hören gibt es tatsächlich bald einiges: Von August bis Oktober sind Podcast-Wochen bei [turi2.de](turi2.de) Dann im November und Dezember die Agenda-Wochen. Wir werden ab jetzt jede turi2 edition mit einem Online-Special begleiten

**Tim**

Verrückt, dass wir jetzt schon bald die Agenda 2023 planen! Auf welche kommende edition freut ihr euch am meisten?

**Nancy**

Auf die Berlin-Ausgabe #23, da gibt's nach jedem Interview einen Donut 🍩

**Anne-Nikolin**

Ich bin ja sehr dafür, dass wir schon in der #21, Marken, die eine oder andere Süßigkeitenmarke vorstellen. Meine Recherchen laufen schon...

**Peter**

Ich freue mich über JEDE neue edition. Das ist für mich jedes Mal wie Weihnachten

**Uwe**

Dürfen wir hier eigentlich schon was über unsere Segel-Ausgabe verraten?

**Heike**

Die kommt ja wie besprochen im Jahr 2033. Vorher freue ich mich auf die Sonderausgabe zur Marslandung! 🚀 😏